実践 サステナブル PPP

Sustainable Public-Private Partnerships

SDGsに貢献する
新しい公民連携ガイド

佐々木 仁 著

中央経済社

まえがき

　本書は，我が国の公的機関や民間企業が，いかに持続可能な公民連携（Pubic-Private Partnerships：PPP）を実現し，またそれを通じて持続可能な開発目標（Sustainable Development Goals：SDGs）の達成に貢献するかについて，筆者の経験に基づく実践的なガイドを示すことを試みたものである。

　筆者は2018年に『海外インフラ投資入門：PPPの仕組みと本質』を上梓し，PPPの仕組みや取組み方法を提示した。その中で，多くの国において，PPP活用の目的は"Value for Money（VFM）"の達成であることを述べた。しかし，それから4年経った2022年においては，国内外のPPPを取り巻く環境は大きく変わった。特に大きい影響を与えた事象としては，次のものが挙げられる。

- 気候変動対策やカーボンニュートラルへの取組みの加速
- 新型コロナウイルス感染症の世界的な蔓延（以下「コロナ禍」という）
- ロシアによるウクライナへの軍事侵攻などの地政学的変化

　また，これに呼応するかのように，日本も含め，世界的にSDGs達成に対する意識や責任感が高まり，公的機関や民間企業による取組みが強化されている。特に民間セクターにおいては，「SDGsや気候変動にしっかり取り組まない企業は淘汰される」という危機感すら感じられるようになってきた。

　こうした中で，公的機関や民間企業が取り組むPPPにおいても，より大局的かつ複合的な観点を踏まえた事業目的の設定や実施方法が求められるようになった。そして，個別具体のPPP事業の形成・実施にあたっては，単に目先の事業目的の達成だけでなく，より長期的かつ広い視野に立った価値命題（Value Proposition）を設定する必要が生じている。

　実際，世界的にはPPPを通じたSDGs達成に関する議論が高まりを見せている。それをリードしているのが国際連合欧州経済委員会（United Nations Economic Commission for Europe：UNECE）である。UNECEのPPP推進局（Working Party on Public-Private Partnerships）は，伝統的なPPPにおける

"Value for Money" を補完もしくは代替する形で，SDGsの観点を踏まえた "Value for People" や "Value for Planet" の概念を提唱し，「ピープル・ファーストPPP（People-First Public-Private Partnerships）」を定着・普及させるための議論を重ねている（ピープル・ファーストPPPについては，コラム1を参照のこと）。

　かかる状況を踏まえつつ，本書では，上述の新たな価値命題に応える概念として「サステナブルPPP（Sustainable Public-Private Partnerships）」を提案し，これを柱として据えたうえで，PPPとSDGsにかかる基礎的事項を示すとともに，両者の関係性を整理する。また，それに基づき，公的機関や民間企業が，その実践に向けてどのように取り組んでいくかについて具体的な方法論を示す。

　本章は，大きく以下の3つのパートより構成される。

- 第1部：基礎編
- 第2部：事例編
- 第3部：実践編

　第1部「基礎編」では，PPPおよびSDGsの基礎知識を整理したうえで，本書で鍵となるサステナブルPPPの概念について解説する。

　第2部「事例編」では，サステナブルPPPの具体事例について，国内および海外において本邦企業が参画する事例を紹介する。

　第3部「実践編」では，公的機関および民間企業が，いかにサステナブルPPPを実現していくかについて論じる。

　本書が，我が国の内外におけるサステナブルPPPの実現と普及の一助となることができれば幸いである。

　なお，本書に示された意見や見解は，すべて筆者個人のものであり，筆者が所属する組織の意見や見解を示したものではないことをあらかじめご承知いただきたい。

佐々木　仁

目　　次

第3章
PPPについて知っておくべきこと
45

第4章
PPP事業のライフサイクルと実施プロセス
67

第 2 部　　事例編

第 **3** 部 | 実践編

第7章

第8章

コラム8　カントリーリスクについて　181

あとがき――日本の経験と技術を世界へ　183

●本書における用語について

　本文に入る前に，本書において用いるいくつかの用語について，本書独特の意味付けをしている，あるいは多少わかりにくいが意識的に使い分けしているものがあるので，あらかじめここで説明をしておきたい。

PPPとPPP事業

　PPPとは，公共サービス手法の一種または様々なPPP手法の総称という意味で用いる。また，PPP事業とは，手法としてのPPPを用いた事業という意味で用いる。

PPPとPFI

　PFIは，公共サービス提供手法としてのPPPの一種という意味で用いる。言い方を変えると，PPPはPFIを包含する概念として用いる。

従来方式とPPP

　従来方式とは，PPP導入以前の，単年度発注，分割発注，仕様発注等を用いた公共発注方式の総称の意味で用いる。

公的機関と公共契約機関

　公的機関とは，中央政府，地方政府，中央省庁，独立行政法人，地方自治体を含む，あらゆる公的な組織の総称の意味で用いる。また，公共契約機関とは，PPP事業の当事者（PPP事業契約の署名者）である公的機関という意味で用いる。

民間企業，民間事業者，プロジェクトカンパニー

　民間企業とは，PPP事業への参画の有無にかかわらず，公的機関に属さない営利団体の総称の意味で用いる。また，民間事業者とは，PPP事業の当事者

（PPP事業契約の署名者またはその出資者）である民間企業の総称という意味で用いる。さらに，プロジェクトカンパニーは，民間事業者の意味にかなり近いが，特に施設整備を伴う大型の事業における民間事業者という意味で用いる。

　なお，本書におけるプロジェクトカンパニーと同じ意味で，SPC（Special Purpose Company）という表現が用いられることも多い。しかし，厳密には両者は同義ではない。

　SPCは特定の事業のみを実施するために設立される事業会社であるが，PPP事業一般でいうと，プロジェクトカンパニーはSPCに限定されるものではない。そのため，本書においてSPCという用語を用いるのは限られた場合のみとしている。

官と公

　最後に，これまで筆者はPPPに関して「官」という表現を好んで用いてきたが，本書ではそれに代わって「公」もしくは「公共」という表現を意識的に使っている。

　「官」はもともと「中央政府」を意味していたとのことであるが，PPPは中央省庁だけのものではない。むしろ，本書の執筆を進めるにつけ，サブ・ナショナルの公的機関によるものこそ，サステナビリティPPPの担い手としてのフィット感が高いのではないかという考えを強く持つようになった。

　本書でいう「公」もしくは「公共」という言葉には，そうした考えや思いが含まれていることをあらかじめご承知いただきたい。

●略語集

略語	全表記	和訳
ADB	Asian Development Bank	アジア開発銀行
AI	Artificial Intelligence	人工知能
BOT	Build-Operate-Transfer	建設，運営，移管
BOO	Build-Own-Operate	建設，所有，運営
BTO	Build-Transfer-Operate	建設，移管，運営
CA	Concession Agreement	コンセッション契約
COP	Conference of the Parties（United Nations Framework Convention on Climate Change：UNFCCC）	国連気候変動枠組条約締約国会議
COVID-19	Coronavirus Disease	新型コロナウイルス感染症
CSR	Corporate Social Responsibility	企業の社会的責任
DBO	Design-Build-Operate	設計，建設，運営
DX	Digital Transformation	デジタル・トランスフォーメーション
EIA	Environmental Impact Assessment	環境影響評価
EPC	Engineering, Procurement and Construction	プラントの設計，調達，建設
ESG	Environment, Society and Governance	環境，社会，ガバナンス
GCA	Government Contracting Agency	公共契約機関
ICT	Information and Communication Technologies	情報通信技術
IEA	International Energy Agency	国際エネルギー機関
ILO	International Labour Organization	国際労働機関
IPP	Independent Power Producer	独立系発電事業者
IWPP	Independent Water and Power Producer	独立系発電・造水事業者
JBIC	Japan Bank for International Cooperation	株式会社国際協力銀行

JICA	Japan International Cooperation Agency	独立行政法人国際協力機構
KPI	Key Performance Indicator	－
LCC	Life Cycle Cost	ライフサイクルコスト
MICE	Meeting, Incentive Travel, Convention, Event/Exibition	－
MIGA	Multilateral Investment Guarantee Agency	多数国間投資保証機関
MRG	Minimum Revenue Guarantee	最低収入保証
NDCs	Nationally Determined Contributions	国が決定する貢献
NEXI	Nippon Export and Investment Insurance	日本貿易保険
NGO	Non-Governmental Organization	非政府組織
O&M	Operation and Maintenance	運営および維持管理
ODA	Official Development Assistance	政府開発援助
PBC	Performance-Based Contract	パフォーマンスベースド・コントラクト
PFI	Private Finance Initiative	－
PFS	Pay for Success	成果連動型民間委託契約方式
PPA	Power Purchace Agreement	電力購入契約
PPP	Public-Private Partnership	公民連携／官民連携
RfP	Request for Proposal	入札参加要請書
SDGs	Sustainable Development Goals	持続可能な開発目標
SPC	Special Purpose Company	特別目的会社
SPV	Special Purpose Vehicle	特別目的事業体
TOD	Transit-Oriented Development	公共交通志向型開発
TVET	Technical and Vocational Education and Training	職業訓練
VFM	Value For Money	－
VGF	Viability Gap Funding	－
UNECE	United Nations Economic Commission for Europe	国際連合欧州経済委員会
WtE	Waste to Energy	廃棄物発電（事業）

第1部

基礎編

　第1部では，はじめに海外および我が国におけるPPPの概要を紹介する。続いて，PPP事業の形成・実施に際して知っておくべきポイント，およびPPP事業のライフサイクルについて解説する。以上を踏まえたうえで，本書の主題であるサステナブルPPPについて筆者の考えを示すとともに，それを通じてSDGsに対してどのような貢献が可能かについて論じる。

第1章

世界のPPP

　本章では，PPPの基礎的事項について解説する。PPPはすでに世界の多くの国で認識または採用されている方式であり，今後も増加が見込まれる。そうしたPPPの世界的な動向や最新トピックスを理解しておくことは，海外PPP事業に取り組む民間企業はもちろん，我が国のPPP実務に当たる公的機関や民間企業にとっても大切である。特にサステナブルPPPの観点からは，PPPの計画・実施において考慮すべき影響やステークホルダーの範囲を広くとらえることが重要である。なお，本章の最後には，PPPに対する新型コロナウイルス感染症の影響と，それを踏まえた今後の展望を示す。

1 ┃ PPPの定義

　本書では，PPPを「公的機関と民間企業が，長期の契約に基づいて連携して公的サービスを提供する手法」と定義する[1]。この定義によると，PPPは次の3つの要素より構成される。

- PPPは，「公共」サービスを提供するための手法である。
- PPPは，公共「サービス」を提供するための手法である。
- PPPのサービスは，公的機関と民間企業の「契約」に基づいて提供される。

　第1に，PPPは「公共」サービスを提供するための手法である。すなわち，PPPは公的機関の責任によりサービスを提供するものであり，その点において民間事業として提供するサービスとは区別される。また，PPPは公共事業として実施されるため，通常は公共調達規則に基づく競争過程を経てPPP事業を実施する民間事業者が選定される。

　第2に，PPPは「サービス」を提供するための手法であり，単に公共施設を「建設」するための手法ではない。確かに，多くのPPP事業は施設整備を含み，それが事実上の目的と化しているように見られる事例も少なくない。しかし，それは「公共と民間の連携」ではなく，単なる「民間資金の活用」である。なお，この定義に基づくと，インフラ整備を伴わない，サービス提供のみの形態もPPPに含まれうる。

　第3に，PPPにより提供されるサービスは，公的機関と民間企業が締結する契約に基づいて提供されるものである[2]。PPPといってもその内容は多様であり，業務内容や公民間の役割分担は事業によって大きく異なる。ただし，どのような場合でも，この契約が適切に作成，締結，管理されることが事業成功の重要な要素の1つであり，それがPPP事業の持続可能性を担保することにもつながると考えられる。

2 ▎PPPの目的とメリット

　PPPを活用する目的は，それを導入する公的機関によって異なるが，一般的には，次のようなメリットを享受するために用いられる。

1　世界銀行等が策定した"PPP Reference Guide 3.0"によると，PPPは次のように定義されている。"(PPP is) A long-term contract between a private party and a government entity, for providing a public asset or service, in which the private party bears significant risk and management responsibility and remuneration is linked to performance."

2　契約を示す用語として，英語では多くの場合"Contract"が用いられるが，ほぼ同義で"Agreement"の表現も広く用いられている。

- 財政負担の軽減
- 公共支出の平準化
- より質の高い公共サービスの提供
- 早期のサービス提供開始
- 地域の活性化

PPPのメリットの第1は，コスト縮減を通じた財政負担の軽減である。例えば，民間事業者が利用者から直接料金を収受するコンセッション型にてPPPを実施する場合，公的機関としては公共支出を大幅に抑えながら，公共サービスを提供できることになる。また，他の方式で公共負担が発生する場合でも，適切な民間活用を通じて事業のライフサイクルコスト（Life Cycle Cost：LCC）を小さくすることができれば，結果的に公的機関の財政負担を軽減することができる[3]。

PPPのメリットの第2は，公共支出の平準化である。本章で後述するオフテイク型やアベイラビリティ・ペイメント型のPPPでは，公共施設の整備費は民間事業者が調達するので公的機関は短期間で多額の予算を用意する必要がない。他方，公的機関は契約期間を通じて平準化した形で施設整備の対価（およびO&Mに対する対価）を民間事業者に対して支払う。PPPを財政負担の繰延べの手段として利用することに対しては批判もあるが，財政事情の厳しい公的機関にとってはPPPの魅力的な一面であることは否定できない。

PPPのメリットの第3は，より質の高いサービスの提供である。第3章で詳述するように，PPPの契約において適切なインセンティブを設定することにより，民間事業者の創意工夫やイノベーションを引き出し，サービスの利用者等に対してより質の高い公共サービスを提供することができる。他方，民間事業

---

3 LCCには，施設の設計，建設，運営，維持管理に関連する費用など，当該事業のライフサイクルにわたって発生するすべての費用が含まれる。

者が所定のサービスを提供していることを確認する（またそれが実現されていない場合はしかるべき是正措置を取る）ことを目的として，公的機関が定期的にモニタリングを行うことが重要である。

　PPPのメリットの第4は，早期のサービス提供開始である。特に開発途上国では，多くのインフラ整備や関連サービスのニーズが存在する。しかし，公的機関に十分な財政余力がない場合，そのインフラ自体を整備することが難しい。このとき，民間資金を活用してインフラ整備をすることができれば，より早期に当該インフラを整備し，サービス提供を開始することができる[4]。

　PPPのメリットの第5は，地域の活性化である。これは，比較的最近になって注目されるようになったもので，サステナブルPPPの観点からも非常に重要な視点である。

　従来，公共セクターが実施してきた事業を民間企業に委ねることで，新たなビジネス機会や雇用創出効果が生まれる。また，公共施設等の整備運営において地元企業の発想や知見を最大限に活かすことで地域住民のニーズに沿った施設整備や公共サービスの提供が可能となる。さらに余剰地の活用等を通じて周辺地域の価値が向上することで地域が活性化される等，PPPには地域経済の発展と地方創生を推進する効果が期待されるようになってきた[5]。

3 ▍ PPPの適用分野と種類

　適用分野に関していえば，PPPは，理論的にはあらゆる公共サービスの提供に活用することができる。特に，世界的に最も広く用いられているインフラの分野に関しては，次のようなセクターでの適用が実際に行われている。

- 電力（発電施設，送電施設等）

4　一方で，PPPについては，計画，入札，契約締結等において，従来方式に比べてより長い時間を要するという面もある。

5　5つ目のメリットに関する記述は，特に内閣府PFI推進室（2022）を参考にした。

> - 運輸交通（道路，鉄道，港湾，空港等）
> - 衛生（上下水道施設，海水淡水化施設，廃棄物処理施設等）
> - 社会（学校，病院，住宅，刑務所等）
> - まちづくり（複合施設，防災施設等）

　なお，PPPの適用対象は，必ずしも施設整備を伴うものに限らない。既存の施設を用いるものや，そもそも施設を必要としない種類のPPPも存在する。例えば，多くの国では，PPPの一種として道路のメンテナンス事業において，PBC（Performance-Based Contract）が導入されている。また，アジア開発銀行などの国際開発機関では，職業訓練（Technical and Vocational Education and Training：TVET）をPPPの1つに位置付けている。我が国でいうと，包括委託や指定管理も基本的に施設整備を伴わない形のPPPである。

　続いて，世界において現在広く用いられているPPPの種類を，図表1－1に整理した[6]。

図表1－1　世界における主なPPPの種類

種　類	概　要
BOT/Concession	民間事業者が自らの資金で事業施設の整備を行ってサービス提供を行い，利用者から直接料金等の収受を行うもの
Availability Payment	民間事業者が自らの資金で事業施設の整備を行ってサービス提供を行い，公共契約機関からその対価を受けるもの
IPP（Independent Power Producer）	民間事業者が自らの資金で事業施設の整備を行って発電を行い，電力公社等に販売するもの
IWPP（Independent Water and Power Producer）	民間事業者が自らの資金で事業施設の整備を行って，発電および海水淡水化を行い，それらを公社等に販売するもの
PBC（Performance-Based Contract）	道路の維持管理等の業務で，民間事業者のパフォーマンスに応じて公共契約機関の支払額を変動させるもの

出所：筆者作成

6　なお，我が国におけるPPPの種類については，第2章で扱う。

　同図表にあるように，PPPには様々な種類がある。かつてはIPPやIWPPは民間の自主的事業に性格が近いためPPPに含まないとする意見も多く見られたが，最近では公的関与の余地も大きくなりPPPの一種として広くみなされるようになってきている。他方，公営企業の民営化，株式会社化や上場は，PPPとはいわれない[7]。

　参考として，世界銀行におけるPPPの分類（および他の手法との比較）を図表1－2に示す。ここでは，従来方式（公共），PPP，民間事業の大きな3つの分類がなされ，それに応じて個別具体の手法が民間セクターの参加の度合いに応じて段階的に示されており，直感的な理解がしやすい。

図表1－2　PPP契約の例（世界銀行の分類）

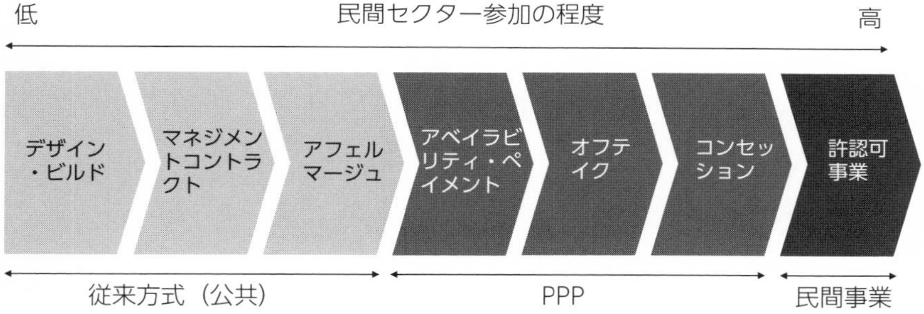

低　　　　　　　　　民間セクター参加の程度　　　　　　　　　高

| デザイン・ビルド | マネジメントコントラクト | アフェルマージュ | アベイラビリティ・ペイメント | オフテイク | コンセッション | 許認可事業 |

従来方式（公共）　　　　　　　PPP　　　　　　民間事業

出所：世界銀行のウェブサイトに基づき筆者作成（https://ppp.worldbank.org/public-private-partnership/ppp-contract-types-and-terminology）

　なお，表中で示されている従来方式（公共）の概要は，以下のとおりである。

- デザイン・ビルド：施設の設計・建設を一括して民間企業に委託する方式であるが，O&Mは含まれない。

7　本書でのPPPの定義のように，世界的にも，PPPは公共と民間の契約に基づいて実施されるものと認識している。民営化や株式会社化等は，その条件を満たさない。

- マネジメント・コントラクト：公共事業施設の運営を民間企業に委託する方式であるが，事業主体はあくまでも公的機関である。
- アフェルマージュ：公共施設の所有権を公的機関が保持したまま，施設リース等の形を通じて運営を民間に委ねる方式。その業務内容や条件については多様なものがあり，PPPとして区分される場合もある。

4 ▎PPPの代表的スキーム

　世界におけるPPPの代表的スキームとしては，コンセッション型，オフテイク型，アベイラビリティ・ペイメント型の3種を挙げることができる。

　コンセッション型は，民間事業者の主たる収入源は利用者が支払う対価であり，しばしば"User-Pays PPP"と呼ばれる。他方，オフテイク型およびアベイラビリティ・ペイメント型は，民間事業者の主たる収入源は公共契約機関が支払う対価であり，しばしば"Government-Pays PPP"と呼ばれる。

　以下では，それぞれについて，プロジェクトカンパニーの収入源，契約の性質，リスク，インセンティブ等の観点に着目して解説を行う。なお，ここでは公共側の発注機関を「公共契約機関」，民間側の事業実施主体を「プロジェクトカンパニー」と称する。

(1)　コンセッション型[8]

　コンセッション型PPPでは，プロジェクトカンパニーは，公共契約機関より事業の運営権等（コンセッション）を取得し，施設の整備・運営を通じて公共サービスを提供する。そして，そのサービスの利用者から受け取る対価が主たる収入源となる。契約の性質としては，「ライセンス契約」と考えると理解し

8　海外（特にアジア諸国）では，コンセッション型を"BOT（Build-Operate-Transfer）"と呼ぶことも多い。

やすい。コンセッション型の典型例としては，有料道路，空港，水道などの分野でのPPP事業を挙げることができる。

　公共契約機関にとっての最大のメリットは，事業施設の整備における財政負担を軽減できることである。厳密には（公共契約機関が事業用地を取得することも多く）公共負担が皆無というケースは稀であるが，基本的に初期投資費用の多くはプロジェクトカンパニーが負担するので，公共契約機関としては大きな費用負担を避けつつ，施設整備とサービスの提供ができることになる[9]。

　プロジェクトカンパニーに対するインセンティブ・メカニズムも自動的に働くようになっている。すなわち，プロジェクトカンパニーは，自身の努力や創意工夫により，利用者および収入を増やすことができる。他方，公共契約機関としては，事業が順調に進んでいる限りにおいては，PPP事業の運営にそれほど深く介入する必要もなく比較的手間がかからない。

　コンセッション型の典型的な事業スキームを，有料道路を例にとって図表1－3に示す。

図表1－3 **コンセッション型事業スキームの例（有料道路事業）**

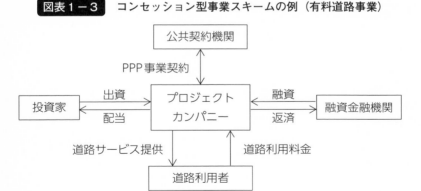

出所：筆者作成

9　公的機関が負担するコストの代表例は，用地取得にかかるコストである。また，十分な収益性が認められない事業については，あらかじめ公的支援の供与を条件付けていることもある。

　プロジェクトカンパニーは，投資家からの出資および金融機関からの融資により資金を調達し，事業施設を建設する。また，その運営を通じてサービスを提供し，利用者が支払う対価を収入として得る。収入に特に大きな影響を与えるリスクとして，需要リスクと料金改定リスクがあるが，これらは基本的にプロジェクトカンパニーが負担することとなるため，いかにそのリスクを適切にマネジメントできるかが事業成功の鍵となる[10]。

　なお，事業の計画段階において，事業の収益性が十分に高くないと予想される場合には，公共契約機関からプロジェクトカンパニーに対してVGF（Viability Gap Funding）と称される補助金等が拠出されることもある。

(2)　オフテイク型[11]

　オフテイク型PPPでは，プロジェクトカンパニーは，公共契約機関に対して定められた量や質のプロダクト（製品）を供給する。一方で，エンドユーザーに対する公的サービスの供給は公共契約機関が行う。契約の性質としては，「売買契約」と考えると理解しやすい。オフテイク型の典型例としては，IPP（発電・売電事業）や用水供給事業を挙げることができる[12]。

　公共契約機関にとっての最大のメリットは，事業施設の整備にかかる費用を直接的に負担しなくてよいという点である。また，発電施設をはじめとするプラント施設の建設や運転に関しては，特殊な技術やスキルが必要とされるため，民間に委ねたほうが効率的なことも多い。

　プロジェクトカンパニーに対するインセンティブも自動的に働くようになっている。具体的には，オフテイク契約は，以下のような条件が設定されていることが多い。

10　政府が需要リスクを負担する場合もある。例えば，1990年～2000年代初頭の韓国では，多くの道路PPP事業において，政府による最低収入保証（Minimum Revenue Guarantee：MRG）が適用されていた。

11　ここでいうオフテイク（Offtake）とは，「引き取り」または「買い取り」を意味する。また，このプロダクトの購入者のことをオフテイカー（Offtaker）という。

12　用水供給は，英語では一般的に"Bulk Water Supply"と呼ばれる。

> ● オフテイカーによる買取量については上限と下限が設定されるが，その範囲においては生産量に応じた収入が得られる。
> ● 販売金額については，（インフレ等を考慮して定期的な見直しがされることもあるが）基本的には固定とする。
> ● 公共側の理由によりプロダクトを受け取らない（買い取らない）場合でも，最低限の水準の支払が行われる[13]。

　こうした条件によりプロジェクトカンパニーに対するインセンティブが働くようになっている。このため，公共契約機関は，PPP事業の運営にそれほど深く介入する必要もなく（ただし，購入するプロダクトの品質や量はきちんと確認する必要がある），比較的手間がかからない。

　オフテイク型の典型的な事業スキームを，発電事業を例にとって図表1－4に示す。

図表1－4　オフテイク型事業スキームの例（発電事業）

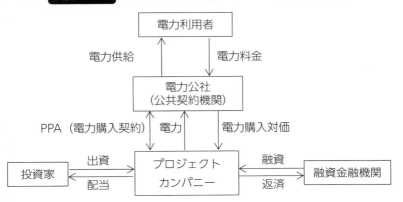

出所：筆者作成

13　これはいわゆる "Take-or Pay" と呼ばれるもので，実質的にプロジェクトカンパニーに対する最低収入保証として機能する。

　プロジェクトカンパニーは，公共契約機関との間でオフテイク契約[14]を締結し，それに基づいて施設の整備と運転を行って所定のプロダクト（上の例でいうと電気や水）を作る。それをオフテイカーたる公共契約機関に販売し，その対価を得て自身の収入とする。一方で，公共契約機関は，買い取った電気や水を利用者（企業や個人などの需要家）に提供する役割を担う。その意味で，需要リスクは公共契約機関が負うことになる。

　プロジェクトカンパニーが負担するリスクとして重要なものの1つが，オフテイカーの支払能力（信用力）に係るリスクである。オフテイク契約では，オフテイカーが適切な価格とタイミングでプロダクト対価を支払うことが大前提となる。しかし，特に開発途上国においてはオフテイカーの信用力について疑問が持たれることも多い。こうしたリスクを軽減するため，開発途上国では政府等による支払保証が付されることもある 。その他のリスクとしては，コンセッション型と同様，公共契約機関による買取金額の改定リスク等がある。

⑶　アベイラビリティ・ペイメント型

　アベイラビリティ・ペイメント型PPPでは，プロジェクトカンパニーは，公共調達過程を経て公共契約機関との間でPPP事業契約を締結し，それに基づいて施設の整備と運営を行って所定のサービスを提供し，公共契約機関からその対価を得る。事業におけるプロジェクトカンパニーの主たる収入源は，特定のサービスに関する購入対価として公的機関が支払うアベイラビリティ・ペイメントとなる[15]。

　契約の性質としては，事業施設の建設の請負と運営・維持管理の委託の混合契約と考えると理解しやすい。アベイラビリティ・ペイメント型の典型例としては，学校，住宅，病院等の分野でのPPP事業を挙げることができる。

14　電力事業では，この契約を電力購入契約（Power Purchase Agreement：PPA）と呼ぶ。

15　「アベイラビリティ（Availability）」とは，利用可能性という意味である。アベイラビリティ・ペイメント型では，施設の利用度に関係なく，「施設を利用可能な状態に保っておくこと」に対する対価が支払われるので，この表現が用いられる。

　公共契約機関にとってのアベイラビリティ・ペイメント型活用の最大のメリットは，事業施設の整備に係る費用を短期に準備する必要がないという点である。実際は，それらの費用はアベイラビリティ・ペイメントの中に含まれるため公共契約機関が負担することになるが，公共契約機関としては建設費の延払いのメリットを享受することができる[16]。

　他方で，アベイラビリティ・ペイメント型は，コンセッション型やオフテイク型に比べて，プロジェクトカンパニーに対するインセンティブが働きにくい。なぜなら，公共契約機関が支払うアベイラビリティ・ペイメントの金額は上限が設定されていることが多く，プロジェクトカンパニーの自助努力による収益向上の余地が限られているからである。公共契約機関が適切なモニタリングをしなければ，プロジェクトカンパニーが逆に手を抜くという「モラルハザード」が発生するリスクがある。

　アベイラビリティ・ペイメント型の典型的な事業スキームを，学校事業を例にとって図表1－5に示す[17]。

図表1－5　アベイラビリティ・ペイメント型事業スキームの例（学校）

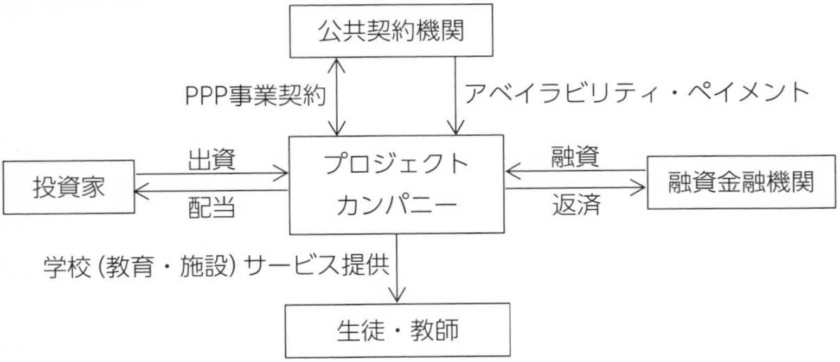

出所：筆者作成

16　ただし，あまりにもその金額が大きくなると，財政の硬直化や将来世代の負担増を引き起こしかねない。この点に関する議論については，コラム5を参照のこと。

17　なお，このスキームは，民間事業者は学校施設の維持管理のみを行い，学校サービスの核となる教育行為（授業）は公共契約機関等の責任で行うというものである。

　プロジェクトカンパニーは，投資家からの出資および金融機関からの融資により資金を調達し，事業施設を建設する。また，その運営を通じて施設利用者に対してサービスを提供し，その対価（アベイラビリティ・ペイメント）を得る。このとき，アベイラビリティ・ペイメントには，以下の要素が含まれる。

- 事業施設の整備費
- 上記に係る資金調達コスト（利息，手数料等）
- 運営・維持管理費
- 公租公課
- 利益

　プロジェクトカンパニーが負担するリスクとして重要なものの1つが，公共契約機関の信用力に係るリスクである。オフテイク型と同様に，プロジェクトカンパニーの主な収入源は，公共契約機関が支払うアベイラビリティ・ペイメントになる。このとき，公共契約機関が適切な金額とタイミングでアベイラビリティ・ペイメントを支払えるかどうかが非常に重要である。一方，エンドユーザーの需要変動リスクは，基本的には，公共契約機関が負担する。また，資金調達コストに係るリスクも，一部，公共契約機関が負担するケースも多く見られる[18]。

　以上をまとめると，アベイラビリティ・ペイメント型においては，コンセッション型やオフテイク型に比べ，公共契約機関にとっては次のような業務が伴う点が特徴といえる[19]。

---

[18]　例えば，アベイラビリティ・ペイメントに含まれる利息相当のコストについては，定期的（例えば5年や10年ごと）に見直す契約内容となっていることもある。

[19]　開発途上国においては，これらの事項に対応することが必ずしも容易ではないため，コンセッション型やオフテイク型が相当程度普及しているのに比べ，アベイラビリティ・ペイメント型の導入は一般的に遅れている。

- 提供されるサービスのアウトプット（要求水準等）の詳細な評価基準の設定
- モニタリング方法およびアベイラビリティ・ペイメントの減額基準の設定
- 事業期間中におけるアウトプットに対する詳細なモニタリングの実施
- プロジェクトカンパニーに対するインセンティブ・メカニズム（減額規定等）の運用
- 金利変動リスクの負担

(4) それぞれの事業類型の比較

ここでは，前述した3つの事業類型の違いについて，横並びで整理する。まず，それぞれの特徴および相違を整理したのが図表1-6である。

図表1-6 事業類型ごとの特徴

契約タイプ	契約の性質	プロジェクトカンパニーの収入源	需要リスク負担者	リスク・リターン特性	インセンティブの機能
コンセッション型	ライセンス契約	サービスの利用者が支払う利用料金等	基本的に民間	ハイリスク・ハイリターン	強
オフテイク型	売買契約	公共契約機関が支払うプロダクトの購入代金	基本的に公共	ミドルリスク・ミドルリターン	中
アベイラビリティ・ペイメント型	請負と委託の混合契約	公共契約機関が支払うアベイラビリティ・ペイメント	基本的に公共	ローリスク・ローリターン	弱

出所：筆者作成

　契約の性質については，コンセッション型はライセンス契約，オフテイク型は売買契約，アベイラビリティ・ペイメント型は請負契約（施設整備）と業務委託契約（施設運営・維持管理）の混合契約と基本的に考えると，それぞれの違いを理解しやすい。

　プロジェクトカンパニーの主要な収入源については，コンセッション型はサービスの利用者が支払う利用料金等，オフテイク型は公共契約機関が支払うプロダクト（例：電気や水）の購入代金，アベイラビリティ・ペイメント型は公共契約機関が支払うアベイラビリティ・ペイメントである。

　エンドユーザーの需要変動リスクの負担者については，コンセッション型はプロジェクトカンパニー，オフテイク型とアベイラビリティ・ペイメント型は公共契約機関となる。

　リスク・リターン特性については，コンセッション型は多くの場合，収入リスクが高く，収益もそれに応じたものが求められる。よって，特性としてはハイリスク・ハイリターンとなる。

　一方，アベイラビリティ・ペイメント型では，プロジェクトカンパニーの受け取る金額は基本的に事業契約で決められているので，収入リスクは比較的小さい。よってローリスク・ローリターンとなる[20]。

　オフテイク型については，個々の契約によって民間が負担するリスクの負担の程度に幅があるが，単純化していうならば，コンセッション型とアベイラビリティ・ペイメント型の中間的な位置付けにあり，ミドルリスク・ミドルリターンといえる。

20　ただし，アベイラビリティ・ペイメント型においても，プロジェクトカンパニーのパフォーマンスが一定基準を満たさなかった場合は，アベイラビリティ・ペイメントの支払額が減額される契約になっていることが多い。

5 ■ PPPのステークホルダー

　PPP事業には，多様なステークホルダー（利害関係者）が存在する。単純化すると，第一義的なステークホルダーとしては，事業を計画・実施する公共契約機関，プロジェクトカンパニーおよびサービスの利用者の三者を挙げることができる。それら三者の基本的な関係を図表1－7に示す。

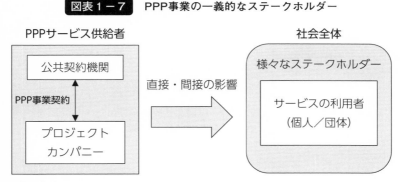

図表1－7　PPP事業の一義的なステークホルダー

　これまで，PPPの主要プレイヤーとしては，公共契約機関，プロジェクトカンパニーおよびサービスの利用者の三者が挙げられ，これらのすべての目的を達成することは「トリプル・ウィン」と呼ばれてきた[21]。しかし，現実世界では，これらの直接的なステークホルダーに加えて，さらに二次的なステークホルダーが存在する。二次的なステークホルダーの典型は，次のとおりである。

- 地域住民
- 当該国政府の政治家および政治団体（事業推進派／事業反対派）

21　日本では，こうした状態のことをしばしば「三方良し」と呼んでいる。なお，その言葉は，最近では国際的なビジネスの場において，"Sanpo Yoshi"という表現でときどき見られるようになってきた。

- 当該セクターですでに類似の事業を実施している公営企業およびその職員
- 当該事業を実施する用地の所有者，権利保有者および周辺住民
- 環境団体などのNGO，マスメディア
- 民間事業者に融資を行う金融機関
- 当該国政府に融資を行う国際金融機関や二国間金融機関

また，これらをより細かく整理したのが図表 1 − 8 である。

図表 1 − 8　PPP事業の二次的なステークホルダー

分　類	公　共	民　間	その他
事業実施国	・大統領・首相 ・議会 ・政治家（与党・野党） ・他の行政機関 ・同一行政機関他部署 ・司法機関 ・中央銀行 ・国営／公営企業 ・労働組合	・提案事業者（投資家） ・融資金融機関 ・その他既存事業者	・サービス利用者 ・土地所有／権利者 ・地域住民 ・マスメディア ・NGO（環境団体を含む）
日本	・総理大臣・官邸 ・政治家（与党・野党） ・中央省庁 ・地方自治体 ・開発援助関連機関	・提案事業者（投資家） ・融資金融機関 ・既存事業者	・事業より裨益を受ける邦人や本邦企業 ・マスメディア ・NGO（環境団体を含む）
第三国	・開発援助関連機関 ・国営／公営企業	・競合企業 ・協働企業 ・金融機関	・主要パートナー国，地域覇権国，旧宗主国等 ・市民団体，国際NGO（環境団体を含む）

国際機関	・国連機関，地域機構 ・多国間・地域開発援助関連機関 ・国際司法制度，地域条約機構	－	－

出所：筆者作成

　本書の第 5 章で詳述するように，サステナブルPPPを実現する観点からは，こうした二次的ステークホルダー（とりわけ地域住民）への配慮を欠かすことはできない。これらのステークホルダーの存在や利害関係を認識し，文字どおり，公的機関と民間企業が適切に連携しながら，その調整を図りつつ事業を実施することが肝要である。

6 ｜ 世界のPPPの動向とコロナ禍の影響を踏まえた今後の展望

　1990年以降，世界におけるPPPは件数および投資額とも順調に伸びてきた[22]。この全体傾向は，先進国および開発途上国の双方に当てはまる。しかし，コロナ禍の世界的な広がりにより，2020年以降の伸びは鈍化している。具体的には，建設工事の遅延や新規事業の発注遅延・延期，または事業自体の取り消しが多く発生した[23]。

　一方で，開発途上国を中心に，いまだ多くのインフラ整備ニーズが存在する。コロナ禍の影響もあり，多くの公的機関の財政が逼迫しつつある中，PPPを活用する潜在的なニーズはさらに高まるものと考えられる。

---

[22]　全世界におけるPPPの動向を網羅した統計はないが，例えば開発途上国に着目したものとしては，世界銀行グループが運営するPPIデータベース（https://ppi.worldbank.org/en/ppi）がある。世界的なPPPの増加傾向は，当該データベースからも容易に見て取れる。

[23]　なお，インフラや公共施設の整備については，PPPによるもののみが遅れたわけではなく，従来方式の公共事業やODAによるものも大きく遅延した。

　コロナ禍がPPPに与えた影響としては，もちろんマイナスの影響が大きく，需要の落ち込み，工期の遅延，事業自体の延期・凍結といった事象が多く発生した。他方で，セクターによってはそれほど影響を受けなかったものや，逆に需要が伸びたものもあり，一概にマイナス影響ばかりをもたらしたとはいえない。以下に主なセクターへの影響を整理した。

図表1－9　主要セクターに対するコロナ禍の影響

分　類	該当セクター
マイナス影響を受けたセクター	空港，レジャー・観光，都市間鉄道
それほど影響を受けなかったセクター	道路，都市鉄道，電力，上下水道，廃棄物
需要が増えたセクター	情報通信

出所：筆者作成

　まず，大きなマイナス影響を受けたセクターとして，空港セクターや，レジャー・観光セクターが挙げられる。コロナ禍のため，人の移動が制限され，特に空港の旅客利用は激減した[24]。同様に，レジャー・観光の需要も激減した。そのほか，鉄道セクターにおいても，特に都市間鉄道については国による移動制限が課され，ビジネスおよびプライベートの双方における需要が大きく落ち込んだ。

　電力セクターについては，コロナ禍による巣ごもり消費やテレワークの普及などが伴って，家庭消費については増えたとされる。他方，産業消費については2020年〜2021年前半に大きな落ち込みを見せたが，2021年以降は堅調な回復を見せている。国際エネルギー機関（International Energy Agency: IEA）のレポートによると，世界における2021年の電力需要の成長率は6％で，2011年の世界金融危機以来，最大の伸び率としている[25]。今後も，そのような世界的

---

[24]　世界における航空需要関連データについては，国際航空運送協会（International Air Transport Association：IATA）のウェブサイト（https://www.iata.org/en/）が詳しい。
[25]　IEA（2022）"Electricity Market Report" January 2022.

傾向は続いていくものとみられる。

　また，情報通信セクターにおいては，オンラインを通じた映像配信，ビジネス会議，教育，あるいはネット通販などの様々なデジタル系サービスの需要が顕在化している。それを支えるための情報基地，データセンター，通信ケーブル網の整備および関連サービスの提供においてPPPを活用する余地は非常に大きいと考えられる。ただし，情報通信ビジネスは純粋民間事業としても広く実施されており，公共事業としてのPPPと民間事業との適切な棲み分け，さらにいうと，あえて公共事業として実施することに関する説明が求められよう[26]。

　こうした状況ではあるものの，今後の展望については，PPPに対するニーズはさらに高まるものと考えられる。多くの国ではコロナ禍の影響により，様々な事業が遅延または中止され，本来必要な公共サービスが提供できていない。さらに，公的機関の財政が圧迫され，今後も必要な事業への予算措置が十分にできない可能性がある。また，こうした状況を打開する方策の1つとして，PPPの活用が期待されている。多くの国はポスト・コロナの対策として民間活用に対する期待を高めている。

　一方で，民間企業としてPPPに取り組むにあたっての新たなリスクも生じている。特に，公共契約機関による民間事業者への支払（財政支出）を伴う事業については，公共契約機関の支払能力に関する不確実性が強まっている。

　これにより，民間企業にとっては，公共契約機関による支払を主たる収入源とするPPP，すなわち"Government-Pays"型のPPP事業については，公共契約機関の信用力のアセスメントを従前以上に入念に行うとともに，場合によっては公共契約機関の信用補完措置（相手国政府や保証機関からの保証の取付け等）を講じる必要性がある。

26　仮にPPPの根底にある考え方の1つが「民でできるものは民に任せる」ということなのであれば，可能であるならばPPPではなくはじめから民間事業として実施するのが望ましいとする考えにも十分な説得力がある。

ピープル・ファーストPPPとは？

　本書のまえがきで，UNECEが唱える「ピープル・ファーストPPP（People-First Public-Private Partnerships：PfPPP）」について言及したが，ここでもう少し詳しく解説する。

　UNECEは，国際連合の経済社会理事会の地域経済委員会の1つで，1990年代よりPPPを1つの重要なアジェンダとして取り上げてきた。2016年には，PPPの推進局（Working Party on Public-Private Partnerships）が立ち上げられ，以降，定期的および不定期的にPPPに関する議論が重ねられている。そうした議論の中で，従前のPPPに代替する考え方もしくはアプローチとして生み出された考え方が，ピープル・ファーストPPPである。

　ピープル・ファーストPPPは，現在ではUNECE内での議論にとどまらず，世界銀行やアジア開発銀行などの国際機関の間でも認識されるようになってきた。それは，ピープル・ファーストの人や地球環境へのインパクトを中心に据えるという考え方が，SDGs等のグローバル・アジェンダと相まって，広く共感・支持を得た結果と考える。そして，その概念は先進国にも広がりつつある[27]。

　筆者の理解によると，ピープル・ファーストPPPを特徴付ける具体的な要素として，次の3点が挙げられる。

- ピープル・ファースト
  PPPで第一義的な受益者は，民間企業や公的機関ではなく，「ヒト」であることを明確にすること。これは，従前に重要視されてきたVFMにおいては「マネー」が強調されすぎていることに対するアンチテーゼといえる。
- SDGs達成への貢献
  PPPとSDGsとの関係を強く認識し，SDGsの達成に資するようなPPPの計画づくりおよび実施を行うこと。特に，PPPによる貧困，飢餓，ジェンダー，気候変動といった社会問題解決に向けたアプローチを重要視している。
- 開発途上国での普及
  これまでPPPが多く実施されてきた先進国や中進国のみならず，開発途上国にもPPPを普及させていくこと。これには，一部の先進国のPPPが間接的に開発途上国の犠牲の上に成り立っていることに対する反省でもある。

---

[27] PPPとサステナビリティおよびSDGsの考え方の整理については，Baxter（2022）がわかりやすく解説している。

　また，ピープル・ファーストPPPに期待される効果として，以下の5点が挙げられる[28]。

- ヒトとして必要不可欠なサービスに対するアクセスを向上させるとともに，社会的な不平等や不公平を緩和する。
- レジリエンスおよび環境の持続可能性に対する責任意識を強める。
- 経済的効果を高める。
- 再現性を高めて未来のプロジェクト開発を促進する。
- プロジェクトにすべてのステークホルダーを巻き込む。

　我が国ではまだピープル・ファーストPPPの用語や概念はさほど普及していないが，パイオニア的にそれを扱った文献として加藤（2019）がある。この中で，ピープル・ファーストPPPは，「雇用創出を通じて貧困の解決を目指し，地域での生活の質の向上をもたらすほか，ジェンダーの平等，水や電気といった基礎インフラや教育などへのアクセスを増やし，人種，民族性，信条や文化などに基づく差別をなくして，社会の結束性を促進するもの」と説明されている[29]。

　これに基づけば，ピープル・ファーストPPPの概念は，決して開発途上国だけに特化したものではなく，我が国を含む先進国にとっても考慮すべきメッセージを投げかけているものと理解される。特に，PPPとSDGsに明確に関係付けることや，成功事例の再現性を高めることについては，今後の我が国のPPPの案件形成においても非常に重要な視点といえよう。

　本書はピープル・ファーストPPPの概念に対する受け止め方は基本的にニュートラルで，その概念自体の普及や促進を意図するものではない。一方で，サステナブルPPPの概念構築や提起においても，そこから得られた考え方や気づきを広く反映していることは，まぎれもない事実である。

---

[28]　UNECEのウェブサイト（https://unece.org/ppp/em）より。ただし，翻訳は筆者による。

[29]　"People-First PPP"については，日本語文献としては，加藤（2019）の一連の寄稿文が詳しく，本書においても大いに参考にさせていただいた。

第2章

我が国のPPP

　本章では，我が国におけるPPPの種類および個別手法の概要について解説する。我が国では，1999年にいわゆるPFI法が制定され，それがPPP普及の大きな契機となった。以降，現在までに，PFIをはじめとする様々なPPP手法が生まれ，全国的にかなり浸透している。また，PPP手法の多様化や深化は，現在でもさらに進行している。そうした状況を踏まえ，本章では，まずPPPの代表例たるPFIについて解説し，それに続いてその他のPPP手法の解説を行う。

1 ┃ 我が国におけるPPPの種類

　PPPは，我が国では公民連携または官民連携と訳される。我が国においてPPPという表現は法律の中には見出すことができないが，多くの公的文書において広く用いられている。

　PPPについて公式な定義はないが，例えば，我が国におけるPPPを推進している重要な機関の1つである内閣府のPPP/PFI推進室の資料では，次のように説明されている[1]。

　PPP（Public-Private Partnerships）とは民間企業と公的機関の間で形成されるパートナーシップの総称であり，公共施設等の設計，建設，維持管

1　内閣府PPP/PFI推進室（2022）『海外向けPPP/PFI事例集』

理，運営等を行政と民間が連携して行うことにより，財政資金の効率的使用や行政の効率化を通じ，より良好な公共サービスの提供を可能とするものです。

　我が国におけるPPP手法には多様なものが存在するが，代表的なものとしては，PFI，コンセッション方式（PFI），DBO方式，指定管理，公民共同事業体（公民JV），公有地活用，包括委託，PFSがある。それぞれの手法の概要を図表2－1に示す。

図表2－1　我が国における代表的なPPPの種類

種　類	概　要
PFI	PFI法に基づき，公共施設の設計，建設，運営，維持管理，ならびにそのための資金調達を包括的に民間に委ねるもの
コンセッション方式（PFI）	PFI法に基づき，利用料金の徴収を行う公共施設について，施設の所有権を公共主体が有したまま，施設の運営権を民間事業者に設定するもの
DBO方式	PFIと同様，公共施設の設計，建設，運営，維持管理を包括的に民間に委ねるが，資金調達は公的機関が行うもの
指定管理	地方自治体が設置した公の施設の管理を民間団体に委ねるもの
公民共同企業体（公民JV）	公的機関と民間企業が共同出資をして事業会社を設立し，公共サービスの提供を行うもの
公有地活用	公的機関が公有地を民間企業に貸し出すなどし，民間企業が自身の責任で公的なサービス提供を行うもの
包括的委託	個別業務ごとに単年度で民間企業に委託していた業務を一括して複数年度の契約で委託するもの
PFS（Pay for Success）	公的機関による委託事業で，解決すべき行政課題に対応した成果指標を設定し，支払額等を当該成果指標の改善状況に連動させるもの

出所：各種文献に基づき筆者作成

　このように，我が国のPPPについてはかなり多様な種類があるが，一方で，共通する要素もある。それらの要素は次のとおりである[2]。

- 複数年契約
- アウトプット仕様[3]
- 民間事業者の努力や創意工夫を引き出す仕組み（インセンティブ・メカニズム）

　これらの要素を念頭に置きつつ，以下では，図表2－1で示した主要なPPP手法について解説する。

2 ￭ PFI

⑴　PFIとは

　PFI（Private Finance Initiative）は，公共施設等の建設，維持管理，運営等を民間の資金，経営能力および技術的能力を活用して行う手法で，民間の資金，経営能力，技術的能力を活用することにより，国や地方自治体等が直接実施するよりも効率的かつ効果的に公共サービスを提供できる事業について適用可能とされる。PFIの導入により，国や地方自治体の事業コストの削減や，より質の高い公共サービスの提供が期待される[4]。我が国においても様々なPPP手法があるが，PFIはその最も代表的なものといえる[5]。

2　これらの要素のうち，複数年契約とアウトプット仕様については，本章のPFIの項にて詳しく解説する。また，インセンティブ・メカニズムについては，第3章で解説する。
3　アウトプット仕様とは，公共契約機関がPPP事業契約書において，サービス提供のための方法，規格，材料等（これらを「インプット」という）を定めるのではなく，必要とされるサービスの内容，品質，数量（これらを「アウトプット」という）を定めるものをいう。
4　以上の説明は，内閣府民間資金等活用事業推進室（内閣府PPP/PFI推進室）ウェブサイトに基づく。
5　内閣府PPP/PFI推進室（2022）でも，「PPPには，民間事業者が担う業務範囲により多くの手法があり，PFIはその一類型です」と明記している。

　PFIの法的根拠は，1999年7月に制定された「民間資金等の活用による公共施設等の整備等の促進に関する法律」（いわゆるPFI法）である。翌年3月にPFIの理念とその実現のための方法を示す「基本方針」が，民間資金等活用事業推進委員会（PFI推進委員会）の議を経て，内閣総理大臣によって策定され，PFI事業の枠組みが設けられた。以降，20年以上の長きにわたって800件を超えるPFI事業が実施されてきている。

　実はPFIという表現はPFI法には見られないが，「民間資金等活用事業」がそれに該当するとされる。また，民間資金等の「等」の中に，経営能力，技術，ノウハウが含まれるとされる[6]。

　それでは，逆にPFIという言葉はどこから来たのかというと，シンプルにいうと英国から輸入したものである。PFIの発祥は英国とされる。1990年代に英国において，民間活力を使ったインフラの整備や，学校・医療サービスの提供が進められ，それがPFIと呼ばれた。当時，日本も英国のPFIを見習い，用語ごと輸入したというのがその経緯である[7]。

(2)　PFIの特徴

　PFIの特徴は，①長期契約，②一括契約（または一括発注），③アウトプット仕様，④民間資金調達，⑤民間へのリスク移転（公民間の適切なリスク分担）の5点に集約される。これにより，民間企業が創意工夫を働かせる余地が大きくなり，その結果としてコスト縮減やより良いサービスの提供を行うこと（ひいては後述するVFMを高めること）ができるとされる。

　以下，それぞれについて簡単に解説する。

6　株式会社民間資金等活用事業推進機構（2019）による。
7　なお，PFIという用語を現状で用いているのは英国と日本ぐらいである。かつてはオーストラリアやマレーシアでも使われていたが，いまは基本的にPPPという用語に集約されている。また，英国でも2012年にPFIに代わってPF2とされ，さらに2022年現在ではPF2も今後の適用は凍結されている状況である。

①　長期契約

　従来方式においては，基本的に年度ごとの発注であったのに対し，PFIは長期契約（多いのは20年程度）とする。その間の事業施設の状態維持や公共サービス提供に関するリスクは民間事業者によって管理される。また，民間事業者は，当該契約期間におけるLCCを最適なものとするよう施設整備やサービス提供を行う。

②　一括契約（一括発注）

　従来方式においては，設計，建設，運営，維持管理などの業務が個別に発注されていたのに対して，PFIはそれらをまとめて1つの契約とする。これにより，民間事業者は，事業のライフサイクルを見据えた最適な事業施設の設計・施工を行うとともに，各業務の重複や無駄を回避することができる。

③　アウトプット仕様

　従来方式においては，施設整備やサービス提供において，「何を使って，どのように」といったインプットを規定することが多い。それに対し，PFIでは，それらの指定を最小限とする一方で，「何を提供すべきか」というアウトプットの規定（内容，品質，数量等）を重視する。これにより，民間が創意工夫を働かせる余地を増やし，より効率的なサービス提供が可能となる[8]。

④　民間資金調達

　従来方式では，基本的に公的機関が資金調達（予算措置）するのに対して，PFIでは事業費の全部または一部について民間が資金調達を行う。PFI事業に関するリスクの審査や管理は，融資を行う金融機関も行うことになる。これにより，事業全体のリスクマネジメントが強化され，事業の安定性や持続性が高められる。

8　我が国ではこれを「性能発注」と呼ぶことも多いが，筆者は，少なくともPPPの文脈においては，「アウトプット仕様」のほうが本質をとらえたより適切な表現と考える。

⑤　民間へのリスク移転（公民間の適切なリスク分担）

　従来方式では，基本的に事業に係るリスクは公的機関が負っていたのに対して，PFIでは多くのリスクが民間に移転され，官民の両者で最適なリスク分担を図る。民間事業者は，負担するリスクについて，回避，移転，緩和などの措置を取り，リスクの発現自体を防ぐとともに，万一リスクが発現した場合の影響を最小限にとどめるような行動をとる。

　以上で述べたPFIの特徴をシンプルに整理したのが，図表2－2である。

図表2－2　PFIの特徴

	従来型	PFI
契約期間	短期（基本1年）	長期（20年程度が多い）
業務範囲	複数契約に分散	単一契約に統合
仕様	インプット仕様	アウトプット仕様
資金調達	公共	原則として民間
リスク分担	公共が基本的に負担	公民両者で適正分担

出所：筆者作成

　上の①～⑤のなかでも，特に適切なリスク分担はVFM達成のための重要な要素とされる。「リスクは，それを最も適切管理できるものが負担する（A risk shall be borne by those who are best able to manage it.）」という基本的な考えに基づき，PFI契約書に詳細な公民間のリスク分担が規定される[9]。

(3)　PFIの基本法および推進組織

　我が国におけるPFIの基本法は，「民間資金等の活用による公共施設等の整備等の促進に関する法律の一部を改正する法律（公布日：平成30年6月20日）」で，一般的には「PFI法」と呼ばれている。このPFI法に基づき「民間資金等

9　PPPにおけるリスク分担の考え方については，第3章において詳しく解説する。

の活用による公共施設等の整備等に関する事業の実施に関する基本方針（施行日：平成30年10月23日）」が定められている。

　PFIを推進する組織としては，内閣府に民間資金等活用事業推進室（内閣府PPP/PFI推進室）が設立されており，PFI法を所掌するとともに，国および地方自治体におけるPFI推進の役割を担っている。また，内閣総理大臣以下の閣僚を構成員とする民間資金等活用事業推進会議（PFI推進会議）が設置されており，基本方針の案の作成，PFIに係る施策についての関係行政機関相互の調整，その他PFIに係る施策に関する重要事項についての審議およびその施策の実施の推進といった役割を担っている。

⑷　PFI事業の実施状況（適用分野と実施主体を含む）

　ここでは，我が国におけるPFI事業の実施状況を概観する。まず，PFI事業数に関しては，内閣府PPP/PFI推進室によると，PFI法が制定された1999年から堅調に伸びてきた。令和3年3月31日時点での事業数（実施方針公表ベース）は，875件とされる。同資料の直近5か年（平成28年度から令和2年度）の年間実施件数を見ると，54件，63件，73件，77件と伸びているが，令和2年はコロナ禍の影響を受けて59件に減少している。

　次に，PFIの適用分野および事業主体を図表2－3に示す。

図表2－3　我が国におけるPFIの適用実績

分　　　野	事業主体別			合計
	国	地方	その他	
教育と文化（社会教育施設，文化施設等）	4	246	42	292
まちづくり（道路，公園，下水道施設，港湾施設等）	23	195	2	220
健康と環境（医療施設，廃棄物処理施設，斎場等）	0	128	3	131
庁舎と宿舎（事務庁舎，公務員宿舎等）	49	21	6	76
産業（観光施設，農業振興施設等）	0	27	0	27

安心（警察施設，消防施設，行刑施設等）	8	18	0	26
生活と福祉（福祉施設等）	0	25	0	25
その他（複合施設等）	7	69	2	78
合計	91	729	55	875

注１：上の数字は分野別実施方針公表件数（令和３年３月31日現在）。
注２：事業数は，内閣府調査により実施方針の公表を把握しているPFI法に基づいた事業の数であり，サービス提供期間中に契約解除または廃止した事業および実施方針公表以降に事業を断念しサービスの提供に及んでいない事業は含んでいない。
出所：内閣府PPP/PFI推進室ウェブサイト

　同表から，我が国におけるPFIの実績および特徴について，以下のことがわかる。

- これまで実施してきた総事業数は875件に及ぶ。
- 分野としては，「教育と文化」が最も多く，「まちづくり」および「健康と環境」が続く[10]。
- 実施主体別では，「地方」が最も多く８割強で，「国」および「その他」がそれに続く。
- 国が最も多くPFIを適用している分野は「庁舎と宿舎」である[11]。

　我が国における今後のPFIの展望については，コロナ禍等の影響もあり不透明な部分もあるが，政府が「PPP/PFI推進アクションプラン」に基づいてPPP/PFIを強力に推進していく方針を打ち出していることなどから，地方公共団体の事業を中心にさらに増加していくものと考えられる。

10　世界的に見ても，文教施設や複合施設の割合が多いのが，我が国のPFI（PPP）の特徴の１つといえる。
11　そのほか，近年では，電線共同溝事業の増加傾向がみられる。

3 ■ コンセッション方式（PFI）[12]

　我が国のPFIでは，特に「コンセッション方式」として実施されるものがあり，ここではその解説を行う。

　コンセッション方式とは，利用料金の徴収を行う公共施設について，施設の所有権を公共主体が有したまま，施設の運営権を民間事業者に設定する方式のことをいう。これは2011年のPFI改正によって導入されたもので，公的主体が所有する公共施設等について，民間事業者により安定的で自由度の高い運営を可能とすることにより，利用者ニーズを反映した質の高いサービスの提供を可能とするものである。

　「コンセッション（Consession）」とは，PFI法では「公共施設等運営権」という用語が用いられているが，利用料金の徴収を行う公共施設（基本的に公的機関が所有）について，この施設の運営等を行う権利のことをいう。

　2011年のPFI法改正では，特に，コンセッションの権利の概念が法律で定められたこと，また，その管理に対して金融機関が抵当権を設定することが可能になったこと（さらにはそれを第三者に譲渡可能とされたこと）が実務の観点から重要であった。これにより，事実上，プロジェクトカンパニーが金融機関からの融資を受けることが可能になったのである。

　コンセッション方式は，公共契約機関，民間事業者，金融機関・投資家，サービスの利用者のそれぞれに，図表2－4のようなメリットをもたらすこととされる。

12　本節におけるコンセッションに関する解説は，内閣府民間資金等活用事業推進室（PPP/PFI推進室）ウェブサイトの掲載情報に基づく。

図表2−4　コンセッション方式導入のメリット

受益者	メリット
公共契約機関のメリット	• 運営権設定に伴う対価の取得 • 民間事業者の技術力や投資ノウハウを生かした老朽化・耐震化対策の促進 • 技術職員の高齢化や減少に対応した技術承継の円滑化 • 施設所有権を有しつつ運営リスクの一部移転
民間事業者のメリット	• 「官業開放」による地域における事業機会の創出 • 事業運営・経緯についての裁量の拡大 • 人口減少や高齢化に対応した一定の範囲で柔軟な料金設定 • 抵当権の設定による資金調達の円滑化
金融機関・投資家のメリット	• （抵当権設定が可能となり）金融機関の担保が安定化 • （運営権が譲渡可能となり）投資家の投資リスクが低下
サービス利用者のメリット	• 事業者による自由度の高い運営が可能となり，低廉かつ良好なサービスを享受

出所：内閣府PPP/PFI推進室ウェブサイトに基づき筆者作成

　コンセッション方式の導入件数については，コロナ禍の影響について若干の懸念はあるものの，基本的に年々増加している。令和2年末現在で，次の分野におけるコンセッション事業が実施されている[13]。

- 空港（12件）
- 水道（1件）
- 下水道（3件　※うち1件は上記水道と同一案件）
- 道路（1件）
- 文教施設（6件）
- クルーズ船向け旅客ターミナル施設（1件）
- MICE[14]施設（2件）

13　実施件数については，内閣府PPP/PFI推進室の資料の記載に基づき令和4年4月1日現在でPFI事業に係る契約が締結されているものを抽出した。

> ● 公営水力発電（1件）
> ● その他の施設（5件）

コンセッション方式は，民間事業者が需要リスクや収入リスクを負う形となるが，同時に「努力すれば収益が増加する」というインセンティブが自動的に組み込まれている[15]。事業によっては民間事業者が負うリスクも大きくなるが，そのインセンティブが適切に機能することにより，民間事業者の創意工夫を最大限に引き出しうる方式として注目される。この点は，本書の主題である「持続可能性」という観点からも非常に重要である。

4 ▌ DBO方式

DBO方式は，設計・建設と運営・維持管理を民間事業者に一括発注するもので，公設民営の1つの方式である。PFIとほぼ同様の方式だが，施設整備に必要な資金調達は公共契約機関が行う。PFIが，設計（Design），建設（Build），資金調達（Finance），運営（Operate）の頭文字を取ってDBFO方式といわれるのに対し，DBOはそれから「F」を抜いたものとなる。

我が国ではDBO方式はPFIと認められていないが，PFI法が1999年に制定された直後のPPP黎明期の頃から検討・導入されている（その意味では歴史のある）手法である。特に廃棄物処理施設の整備・運営に係る事業においては広く用いられており，その意味で我が国ではすでに定着したPPP手法の1つといってよい[16]。

PFIに比較した場合のDBO方式の特徴としては，次の4点を挙げることがで

14　"MICE"とは，企業等の会議（Meeting），企業等の行うインセンティブ旅行（Incentive Travel），国際機関・団体，学会等が行う国際会議（Convention），展示会・見本市，イベント（Exhibition/Event）の頭文字を使った造語で，これらのビジネスイベントの総称を意味する。

15　インセンティブ・メカニズムに関する詳細については，第4章を参照のこと。

16　そのほか，国内では水道事業における適用事例が見られる。

きる。

> - 民間事業者の役割に資金調達が含まれない（公共契約機関が資金調達を
>   行う）
> - 事業施設の所有権は必然的に公共契約機関に帰属する
> - 基本的に金融機関の関与はない
> - 基本的に民間事業者は既存の事業体であり，SPCは設立されない[17]

　DBO方式のメリットは，資金調達を公共契約機関が（主として起債により）
行うため，民間事業者にとっては資金調達を行う必要がないという点である。
公共契約機関にとっても，もし起債が可能であれば，民間資金に比べてより良
い条件で資金調達ができる可能性がある[18]。

　DBO方式では，公共契約機関が資金調達を行うため，設計・施工，運営段
階における金融機関によるモニタリング機能が働かないという点が留意点とし
て挙げられるが，これまでのところ，DBO方式を採用した事業（主として廃
棄物処理施設関連事業）において，金融機関によるモニタリングがないことに
起因して何らかの問題が生じたという事例は確認されていない。

5 ▌指定管理者[19]

　指定管理者制度は，2003年に地方自治法の改正により導入された。これは，
地方自治体が設置した「公の施設」の管理を民間事業者等に対して委ねるもの

17　PFIにおいては，一般的には「プロジェクトファイナンス」による資金調達がなされる
　ためSPCの設立が必要とされるが，DBO方式においては公共契約機関が資金調達を行うた
　め，その必要がない。

18　さらに，民間資金調達にかかる知識習得や，金融機関との交渉や協定締結といった手間
　も省くことができるという点も，担当者にとってはメリットといえるかもしれない。

19　指定管理者制度については，成田（2009）および一般社団法人指定管理者協議会（2012）
　が詳しい。

で，同法第244条の２に定められるPPPの手法の１つである。民間事業者の収入は施設により異なるが，地方自治体が支払う委託料（指定管理料），施設の利用料，および指定管理者の自主事業による収入が挙げられる。

　総務省によると，2018年４月１日現在において指定管理者制度が導入されている施設数は全国で76,268施設であり，そのうち約４割の施設で民間企業等（株式会社，NPO法人，学校法人，医療法人等）が指定管理者としての指定を受け，公の施設の管理を行っている[20]。その数および実態からしても，すでに我が国で普及・定着したPPP手法といってよい。

　PFIと比較した場合の指定管理の特徴としては，次の３点を挙げることができる。

- 適用対象施設は，地方自治体が設置した「公の施設」となる。
- 指定管理者の業務範囲には，施設整備（およびそれに係る資金調達）は基本的に含まれない。
- 指定管理者の選定に際して，必ずしも競争的過程を経ることは求められていない[21]。

　指定管理者制度の適用対象となる公の施設としては，図表２−５に掲げたものが挙げられる。

図表２−５　指定管理者制度の適用対象となる公の施設

分　類	施設の例
体育施設	体育館・運動場・プール

20　以上のデータは，総務省『公の施設の指定管理者制度の導入状況等に関する調査結果』（2019年５月17日）による。

21　これは公的団体や非営利団体が指定管理者になる場合も多いためと考えられる。他方，民間企業による管理を想定する場合には，公募による公共調達過程（競争過程）を経るのが一般的である。

教育・文化施設	博物館・美術館・図書館・文化会館・公民館・コミュニティ センター
社会福祉施設	老人福祉施設・児童福祉施設・保育園
公営企業	公立病院・上水道・下水道・工業用水道・バス路線
その他	公園・道路・河川・学校・公営住宅・墓地

出所：成田（2009）に基づき筆者作成

6 ■ 公民共同企業体（公民JV）

　我が国における代表的なPPP手法の最後に，公民共同企業体（公民JV）を紹介したい。これは，公的機関（主として地方自治体）と民間企業が双方に出資して合弁会社を設立し，その合弁会社が地域の公共サービスを提供するというものである。一部では「官民協調型」ともいわれる。具体的には，以下の分野での利用増加が見られる。

- 発電事業
- 水道事業
- まちづくり

　公的機関と民間企業の出資割合は，事業によって異なる。すなわち，事業会社の株式の過半数を民間企業が有する場合もあれば，公的機関が有する場合もある。

　同様の方式をかつて第3セクターと呼んでいた時代もある。また，多くの第3セクターが公民の共同出資であったという意味では公民共同企業体と第3セクターは同じであるが，公民共同企業体では第3セクターの経験や教訓を踏まえて，以下のような工夫等がなされている。

- 事業会社の経営や事業運営に関しては民間企業が主導する。

- 事業収支は原則として独立採算とする。
- 公的機関からの財政支援は限定的とする（青天井としない）。
- 事業開始に際して公民間で役割や責任を明確にする。

　こうした，新たな形の公民共同企業体は，特に2010年代に入ってから見られるようになってきた[22]。

7 ┃ 公有地活用

　公有地活用の基本モデルは，公的機関が所有する公有地について，定期借地等の方法で民間事業者に貸付けを行い，民間事業者が単体で，または公的機関と連携して公に資する事業を実施するというものである。事業内容としては，文化，スポーツ，住宅，行政サービス，その他商業に係る施設とすることが多く，また，多くの場合はこれらの複数の機能を有する複合施設の形で整備される。

　公的機関だけでは有効利用できていないが利用価値のポテンシャルが高い土地について，民間のアイディア，ノウハウ，リソースを活用してそのポテンシャルを引き出そうというのがこの手法の基本的な考え方である。

　公有地活用によるPPP/PFIの推進については，早くは赤川（1999）などにおいてかなり具体的な構想や提言が見られる。特に，PPPの1つの形態としての公有地活用型の熟成や深化が顕著に見られるようになってきたのは，公民共同企業体同様，2010年以降である。その特徴としては，以下の点を挙げることができる[23]。

22　その魁といえる事例の1つが，2012年に公民共同の水道サービス事業体として設立された「株式会社水みらい広島」である。この会社の持株比率（2022年4月現在）は，広島県35%，呉市3%，民間企業62%となっている。

23　公有地活用型の代表的な事例としては，岩手県紫波町における一連のまちづくり事業が挙げられる。これについては，第6章の事例研究において詳しく解説する。

- 民間主導による発案と運営
- 収益的要素を含む複合施設の整備
- 公民一体となった事業の参加・運営
- 地域住民や周辺住民の巻き込み

8 ▌包括的民間委託

　包括的民間委託とは，受託した民間事業者が創意工夫やノウハウの活用により効率的・効果的に運営できるよう，複数の業務や施設を包括的に委託する方式のことをいう。業務のスコープや委託期間などは個別事業により異なるが，民間事業者の創意工夫を引き出すため，複数年契約および性能発注方式[24]にする場合が多い。我が国では，これまで道路，河川，上下水道の維持管理や，行政事務一般において適用されている。

　包括的民間委託に期待される効果としては，複数業務の一括発注（バンドリング），複数年契約，性能発注を通じて，公的施設の維持管理における効率性や計画性を向上できるという点が挙げられる。また，特に地方自治体においては，職員数の減少が進む中で入札や契約に係る事務の手間暇を軽減できるという効果も期待される。

9 ▌PFS

　最後に，我が国のPPP手法としては比較的新しいPFS（Pay for Success）について紹介する。

　PFSとは，国または地方自治体等が民間事業者に委託等する事業であり，解

---

[24]　性能発注とは，受託者に対して一定の性能確保を条件として課しつつ，運営方法の詳細は受託者の自由裁量に任せる発注方式をいう。

決すべき行政課題に対応した成果指標を設定し，支払額等をその成果指標の改善状況に連動させるものをいう。2020年3月に「成果連動型民間委託契約方式の推進に関するアクションプラン」が閣議決定され，導入されたものである。我が国では，これまで，医療・健康，介護，まちづくり等の分野で適用された事例がある[25]。

　PFSと従来型の委託業務の比較を図表2－6に示す。また，そのイメージを図表2－7に示す。

図表2－6　従来型の委託事業とPFS事業の違い

項　目	従来型の委託事業	PFS事業
事業活動の裁量の程度	事業活動の実施方法を，仕様書に定めるため，民間事業者の裁量は小さい。	達成すべき成果指標値の改善状況が指定され，そのための事業活動の実施方法については，民間事業者に一定の裁量を付与する。
事業終了時の評価（検査）方法	仕様書に定める事業活動の実施方法に則り業務を実施したか，成果物が仕様を満たしているかを検査する。	民間事業者の事業活動により，どれだけ成果指標値が改善したかを評価する。（固定支払がある場合，その支払に対する検査は行われる。）
地方公共団体等からの支払額	成果にかかわらず，プロセスに対して支払うため，あらかじめ定めた額である（受託者たる民間事業者が支出した費用に基づく精算払いもある）。	評価の結果，成果指標値の改善状況により変動する。
事業におけるリスク分担	事業目的の達成に係るリスクは地方公共団体が負担する。	成果変動リスクを民間事業者が負担することで，事業目標の達成に係るリスクの一部を民間事業者が負担する。
成果を高めることに対するインセンティブ	成果をより高めるインセンティブは不明確。	成果指標値の改善状況に対し支払額が連動するため，成果指標値をより改善するインセンティブが効果的に働く。

出所：内閣府『成果連動型民間委託契約方式共通的ガイドライン』

図表 2 - 7　従来型の委託事業と PFS 事業

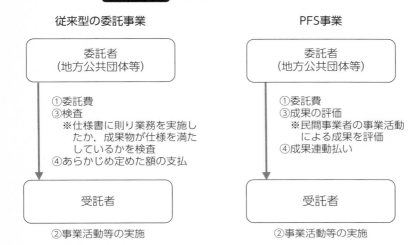

出所：内閣府『成果連動型民間委託契約方式共通的ガイドライン』

　PFS を推進する内閣府は，本方式の普及を目的として，成果連動型民間委託契約方式交付金と称する補助を地方自治体に対して行っている。これは，成果検証結果に基づく，成果連動部分の補助（各年）を行うものである。また，PFS の業績評価については，評価の専門機関による支援も実施している[26]。

　民間事業者に対する支払額を可変とすることによるインセンティブ付与については，これまで PFI のサービス購入型において用いられてきた。具体的には，プロジェクトカンパニーが定められた要求水準を満たさなかった場合はサービス購入料を減額するという仕組みが講じられてきた。しかし，そのパフォーマンスや成果により「増額する」仕組みはなかった。その意味で PFS は画期的な方式ということができ，今後の活用拡大が期待される。

25　PFS のより詳細な内容については，内閣府の関連ウェブサイト（https://www8.cao.go.jp/pfs/index.html）を参照のこと。

26　内閣府によるこれらの支援に関する情報は，2022 年 4 月現在のものである。

指定管理者制度導入20年に寄せて

　我が国で指定管理者制度が導入されたのは2003年（平成15年）であり，間もなく20年を迎える。同制度の導入は，「公民の創意工夫を結集し，より付加価値の高いサービスを創造していくための画期的な試み」として注目を集めた。

　他方，それを受け止める民間側では，「公共サービスの民間開放」という意味で新たなビジネス機会の広がりが感じられる一方で，行政機関との役割分担や協働の仕方，あるいは既存の公的団体との棲み分けといった点での不安面もあり，まさに「期待と不安」の双方が混在していた。特に，行政が民間ビジネスを理解していないことに対する警戒心が強かったように思われる。

　そうした中で，同制度の導入に先立って，株式会社三菱総合研究所が事務局となって設立された「パブリックビジネス研究会」は，指定管理者制度のあるべき姿について民間企業内での議論や行政との対話を繰り返し，1つの公民プラットフォームとして重要な役割を果たした。とりわけ，同研究会が公表した「指定管理者の標準協定書」においては，公民間の役割やリスクの分担が具体的に示され，またそれは無償で公表・配布されたこともあり，多くの地方公共団体の参考とされることとなった。それが，多くの自治体の指定管理者運用方針（ガイドライン）や協定書の事実上の基礎となったといっても過言ではない。

　現在，同研究会は存在しないが，同研究会の会員企業によって任意団体として2008年に設立された指定管理者協議会によって，その役割と魂は引き継がれた。同協議会は，官民双方が情報共有を推進し対話を重ねる「場」が不可欠であるとの認識に立ち，そのプラットフォームとして設立されたものである。さらに，同協議会は2011年に法人格を取得し，「一般社団法人指定管理者協会」として発足し，現状に至っている。

　同協会は，指定管理者制度を通じた公の施設の管理および公共サービス提供のために様々な活動を行っているが，その重要なものの1つが，毎年公表される提言である。この提言自体は指定管理者制度を直接の対象とするものであるが，その内容はPPPの本質に関わるものであり，PPPに関わるすべての者に対して大きな示唆を与えうるものである。

　以下，平成21年以降の提言のタイトルを記す[27]。

27　一般社団法人指定管理者協会ウェブサイト（https://www.shiteikanri.org/teigen）より。

平成21年度：持続的な公の施設の管理・運営に向けた指定管理者の適正
　　　　　　利益に関する考え方〜水光熱費の急激かつ大幅な変動への
　　　　　　対応や新型インフルエンザの感染対策等を考慮して〜
平成22年度：公の施設のビジョンと指定管理者のミッションに基づく指
　　　　　　定管理の環境づくりに向けて〜公共サービスを安全に，安
　　　　　　定して提供していくために官民で取り組むべきこと〜
平成23年度：震災等災害発生時における自治体と指定管理者との連携の
　　　　　　在り方について
平成24年度：指定管理者制度実務上の課題への提言
平成25年度：指定管理者の負えるリスクと自治体の負うリスク
平成26年度：指定管理者制度導入から10年の振り返りとこれからの指定
　　　　　　管理者制度のあり方
平成27年度：地域のニーズを見据えた新たな指定管理者制度のあり方〜
　　　　　　「ミッション遂行」から「ビジョンの共創と実践」へ〜
平成28年度：熊本地震をふまえた公の施設の管理のあり方と行政との役
　　　　　　割分担について
平成29年度：指定管理者制度に関する自治体ガイドラインの現状
平成30年度：指定管理者制度に関する自治体ガイドラインにみる「自主
　　　　　　事業」と「目的外使用」の現状と考察
令和元 年度：指定管理者制度の収支構造と適正利益についての考察
令和 3 年度：新型コロナウイルス感染症拡大の推移をふまえた危機にお
　　　　　　ける自治体と指定管理者の役割分担について
令和 3 年度：指定管理者制度に関する「モニタリング」の現状と考察

　総務省によると，令和3年4月1日現在，全国で指定管理者制度が導入され
ている施設は，77,537施設，そのうち約4割の施設で民間企業等（株式会社，
NPO法人，企業共同体等）が指定管理者となっている[28]。施設数や割合的にも，
PPPの1手法としての指定管理者制度はこの20年で完全に普及・定着したと
いってよかろう。
　ただし，だからといって問題がなくなったわけでは決してない。上記の指定

---

[28]　総務省『公の施設の指定管理者制度の導入状況等に関する調査結果』（2022年3月）より。

管理者協会の提言を見てもわかるとおり，リスク分担，役割分担，利益，自主事業，インセンティブ，モニタリングについては，ある意味，議論が堂々めぐりしている。いわばこれらは永遠の課題ともいえる。これらの問題については一様の答えや解決策はなく，公と民が個別の事業で対話を重ね，その「落としどころ」を探り当てていくという地道なプロセスが求められる。

　いずれにしても，特に我が国の地方公共団体にあっては，指定管理者制度は最もなじみのあるPPPといえよう。この経験やノウハウを生かして，指定管理者制度のさらなる有効活用，さらには，PFI，DBO，公有資産活用といった他の様々なPPP手法が有効に活用されるようになることを期待する。

第3章

PPPについて知っておく
べきこと

　本章では，公共，民間を問わず，PPPの実務に関わる者が知っておくべき基本的かつ重要な事項について解説する。まず，PPPの本質ともいうべきインセンティブおよびリスク分担について解説する。続いて，特に議論が高まっているトピックスであるVFM，グリーンフィールド／ブラウンフィールド，民間提案型PPP（アンソリシティド方式），および公的支援のあり方について解説する。最後に，サステナブルPPPを理解・実践するうえで重要である「PPPの限界」および「PPP事業契約の途中解除」について，筆者なりの考えを示す。

1 ┃ 民間企業のPPP事業参画目的とインセンティブ

　PPP事業に参画する民間事業者の主体の多くは，民間企業である[1]。そして，民間企業がPPP事業に参画する目的は，基本的には自社の収益を拡大させるためである。民間企業は，収益拡大に貢献する案件には積極的に参画することを検討または実施（入札参加）するが，そうでない案件ははじめから入札に参加しない。また，すでに参画している案件でも，場合によっては途中で撤退するという選択肢を常に保持する。民間企業にとっては当たり前のことだが，特に

1　なかには，非営利団体がPPPに参画することもある。その典型例は，我が国における　指定管理者である。ただし，PPP全体でみると民間企業が参画するケースが多勢を占める。

公共側の職員は，このことを肝に銘じなければならない[2]。

　第1章および第2章で述べてきたように，PPP事業を成功裡に実施するには，民間事業者の努力や創意工夫をうまく発揮させることが鍵となる。それを実現する重要な要素が，「インセンティブ」である[3]。すなわち，PPP事業契約の仕組み上，民間事業者の努力や創意工夫は収益拡大に連動していれば，民間事業者はより頑張ろうとする。空港や集客施設がその典型例である。他方，適切なインセンティブが与えられていなければ，民間事業者によるプロアクティブな行動はあまり期待できない。むしろ，できるだけ手を抜こうとする，いわゆる「モラルハザード」が発生する可能性がある。

　モラルハザードとは，一般的には「道徳観や倫理観の欠如」という意味で使われることが多い。もともと経済学の用語で，危険回避のための手段や仕組みを整備することにより，かえって人々の注意が散漫になり，危険や事故等の発生確率が高まってしまうことをいう。PPPの文脈では，特にアベイラビリティ・ペイメント型で，プロジェクトカンパニーの収入は基本的に固定（確定）されているため，サービス向上やコスト削減に対するインセンティブが働きにくくなることなどが挙げられる。

　それでは，適切なインセンティブとは何か。それは，民間事業者の仕事（パフォーマンス）の出来・不出来が，その収益に連動していることである。例えば，空港や集客施設で，その施設が利便性，安全性，清潔さ等の面で優れていれば，利用者数が増加し，結果的に収益が増加する。第1章で述べたように，いわゆるコンセッション型のPPP事業においてはこうしたインセンティブが働きやすい。他方，公共契約機関による支払額が事実上固定されている場合には，民間事業者の努力や創意工夫が直接的に収益増加につながりにくい。そのため，

2　一方で，民間事業者が常に利益追求のためにしか動かないかというと，必ずしもそうではない。状況や程度によってはその原理に沿わない行動もとりうる。例えば，2011年の東日本大震災の際には，無償で避難場所提供や復興支援に協力した指定管理者（民間企業）も多く存在した。

3　PPP成功の本質が適切なインセンティブ付与にあることについては，佐々木（2018）においても強調して述べたところである。

公共契約機関としては，仕組みや運用上の工夫が必要となる[4]。

　では，インセンティブが組み込まれているコンセッション型やオフテイク型の事業で，民間に任せっぱなしでよいかというとそうではない。公共契約機関としては，以下の事項について適切なモニタリングを行うとともに，必要な場合はプロジェクトカンパニーに対して是正措置やペナルティを科すことも検討すべきである。

- 公共契約機関が想定しているサービスやプロダクトの質や量が充足されているか。
- 利用者の満足度は十分得られているか。
- 安心・安全は確保されているか。
- 利用料金等は適切な水準で設定・維持されているか。
- 公的機関が実施する事業として，不適切な要素が含まれていないか。

　特に，サービスの利用者から直接に利用料等を収受するコンセッション型では，上記のような事態が発生した場合の具体的かつ効果的な是正措置やペナルティを設定することが思いのほか難しい。よって，個別事業のインセンティブ・メカニズムの設定においては，特に十分な検討や工夫が求められるところである。

2 ▎ 公民間の「適切なリスク分担」の考え方

　本書では，リスクを「事業目標に正負の影響を与えうる不確実な事象」と定義する[5]。また，本書では，そのリスクが実際に発生することを「リスクの顕在

4　例えば，減額メカニズムを組み込んだアベイラビリティ・ペイメント型PPP，PBC，PFSが，それらのインセンティブを考慮した手法といえる。詳細については第1章および第2章の解説を参照のこと。

5　本書におけるリスクの定義は，PMI（2021）等を参考に筆者が作成した。

化」と呼ぶ。

　この定義から自明なように，リスクは「不確実な事象」である。PPP事業におけるリスクのわかりやすい例として，テロや大地震の発生，事業に関連する法令の変更，用地取得の遅延等が挙げられる。これらは，顕在化するかもしれないし，顕在化しないかもしれない。しかし，もし顕在化した場合は事業に何らかの影響が及ぶことが想定される。

　リスクが問題なのは，何かが変化するためではない。その顕在化の有無，タイミングや頻度，あるいはその影響の程度に不確実性（Uncertainty）が伴い，予測が難しいことが問題なのである。

　リスクを管理する方法としては，回避（Avoidance），転嫁（Transfer），緩和（Mitigation）がある。

- 「回避」は，リスク自体をなくすものである。例えば，事業に係る取引をすべて現地通貨建てとすれば，その意味で為替リスクはなくなる。
- 「転嫁」は，リスクの負担をある者から他者に移すものである。プロジェクトカンパニーから建設会社への建設リスクの移転は，その典型である[6]。
- 「緩和」は，リスクの顕在化の頻度やその影響の緩和を図るものである。例えば，公的機関が周辺住民に対して事業の事前説明会を開催することは，周辺住民による事業反対運動を軽減することにつながりうる[7]。

　PPPにおける公民間のリスク分担の原則は，「リスクは，それを最も適切に管

6　保険の利用も，他者にリスク負担を移すという意味では，「転嫁」の手段の1つといえる。

7　リスクという言葉は，多くの場合，事業に負の影響をもたらすネガティブな意味で用いられるが，本来はポジティブな意味も有する。例えば，収入リスクとは，実際の収入が計画より少ないことだけではなく，実際の収入が計画より多いことも含まれる。また，為替レートの変動リスクは，事業利益にプラスとマイナスの影響を及ぼしうる。本書では，リスクのことを，こうした正負双方の影響をもたらしうる事象として捉えている。

理できるものが負担する（A risk shall be borne by those who are best able to manage it.)」というものである[8]。

　第1章で見たように，PPPの基本的な仕組みは，それまで公共が負担していたリスクの一部または多くを民間に移転することにより，事業価値（またはVFM）を向上させるというものである。この背景には，事業に関連するリスクの中には，民間のほうがうまく管理できるものが含まれるという考え方がある。事実，特に事業施設の整備と維持管理に関するリスクの管理については，民間のほうが長けていることが多い。

　しかし，そのリスク移転が過度であると，逆にVFMを低下させることになりかねない。PPPでは，公共と民間の間で適切なリスク分担がなされることにより，VFMが最大化される。このことを示したのが，図表3－1である。

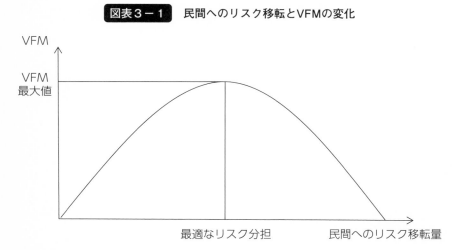

図表3－1　**民間へのリスク移転とVFMの変化**

出所：筆者が作成

8　これは，英国において1990年代初頭にPFIを推進する際にしばしば用いられた表現である。現在では，世界中のPPPにおける基本的な考え方として定着しているといってよい。

　この図は，民間に移転するリスクの量を横軸に，また，移転するリスクに応じたVFMの高さを縦軸にとったものである。図からわかるように，はじめは民間に移転するリスクが増えるに従って，徐々にVFMは向上していく。しかし，ある地点を超えると，逆にVFMは減少していく。それは民間への過度のリスク移転をすると，逆に最適なVFMが得られないことを意味する。これはあくまでも概念図であるが，PPPにおけるリスク分担とVFMの関係を短時間で直感的に理解するのに役立つ。

　リスク分担については，もう1つ重要な考え方がある。それは，「公共，民間とも適切に管理できないリスクは，原則として公共が負担すべき」というものである[9]。

　例えば，政治リスクや法令変更リスクは，公共も民間も適切に管理することができない[10]。しかし，これらを無理に民間に押し付けると，最悪の場合，民間事業者の経営が悪化し，倒産やサービス提供の停止といった事態が発生するおそれがある。そのようなリスクについては，部分的または限定的には民間に負わせることも許されるが，究極的にはこれらは公共が負担すべきリスクであることを事業関係者が明示的に理解しておくことは重要である[11]。

　PPPにおける主要なリスクとしては，次のようなものがある。

- 用地取得・住民・環境リスク
- 建設リスク
- 資金調達リスク
- 需要リスク
- 料金リスク

9　この考え方は，筆者の実務経験に基づいて形成されたものである。

10　市場には一部こうしたリスクをヘッジする保険や保証も存在するが，必ずしもすべてのリスクをカバーできるわけではない。

11　日本のPFIでは，こうしたリスクを公民の双方で分担するという考え方がある。その考え方や方法自体には合理性を見出すことができるが，民間事業者の負担範囲（上限）を限定し，あくまでも究極のリスク負担者は公共契約機関とする必要がある。

- 運営（サービス提供）リスク
- 政治／制度変更リスク
- マクロ経済リスク
- 不可抗力リスク
- 公共契約機関による債務不履行リスク

　PPPのリスク分担は，基本的にPPP事業契約に定められる。公民間のリスク分担を視覚的に示す方法として，我が国ではリスク分担表（いわゆる星取表）が広く用いられている[12]。上で示した主要リスクについては，図表3－2のように示すことができる。

図表3－2　リスク分担の星取表（例）

リスクの種類	リスク分担	
	公共契約機関	民間事業者
用地取得・住民・環境リスク	○	
建設リスク		○
資金調達リスク	○	○
需要リスク	○	○
料金リスク		○
運営（サービス提供）リスク	○	○
政治リスク	○	○
マクロ経済リスク	○	○
不可抗力リスク	○	△
公共契約機関による債務不履行リスク		○

凡例：○主分担　△従分担
出所：筆者作成

12　この，いわゆる星取表は，リスク分担を「○（主分担）」や「△（従分担）」などの意味で表すことが多い。ただし，「○」や「△」の記号の利用は必ずしも外国では一般的ではなく，特に「△」については海外では意味が通じないことも多いので留意が必要である。

　以上，PPPにおけるリスクについて解説してきたが，ここで，前項で解説したインセンティブとリスク分担の関係について整理する。

　結論からいうと，民間への適切なリスク移転は，それ自体，インセンティブになる。すなわち，民間事業者は，自身の収益を高めるために，負担するリスクをうまく管理しようとする。例えば，自身の努力や創意工夫により，負の事象の発生を未然に阻止する，あるいは発生してもその被害や影響を最小限にしようとする。このように，インセンティブとリスク分担は表裏一体の関係にある。特にPFIにおいて重要視または強調されてきた民間へのリスク移転は，見方を変えるとインセンティブ設計の問題と捉えることもできる。

　余談的ではあるが，英語の"Risk"の語源は，ラテン語の"Risicare"とされ，その元来の意味は，「勇気をもって試みること」だそうである。それが意味するように，PPPにおいても，真の成功の鍵は，リスク負担を逃れることではなく，リスクを負担したうえでそれをうまく管理していくことにあると筆者は考える。

3 ┃ "Value for Money" の意味と意義

　VFMは，我が国では特にPFIの文脈で用いられている。特に「特定事業の選定」の際にはVFMの有無が事実上のPFI採択の判断基準とされており，特に公共側の実務者にとってその理解は必須である。

　VFMは，もともとはPFI発祥の地である英国でPFIを実施する際にその有無の検証をするための概念として求められたものである。我が国では，1999年のPFI法制定に際し，その用語や方法論を基本的にそのまま輸入したものである。

　VFMは，直訳すると「支払の価値」である。この用語自体は一般生活においても用いられるが，PPPの文脈では，公共支出に対する価値をいう。すなわち，公共予算は限られたものであるから，できるだけその利用価値を高めるべきであるという考え方である[13]。いうならば，どのみち公共のお金を使うならば，より「お買い得な使い方をすべきだ」というのが発想の原点である。

　VFMの概念については，英国大蔵省（HM Treasury）では，次のように説明している[14]。

> 　VFMとは，ライフサイクルにわたってサービス利用者の要求を満たす費用と財またはサービスの質（あるいは合目的性）の最適な組み合わせである（"Value for Money（VFM）is the optimum combination of whole-of-life costs and quality（or fitness for purpose）of the good or service to meet the user's requirements"）。

　これによると，VFMとは，事業のライフサイクルコストとサービスの質（または事業目的への合致性）の最適な組み合わせであるとされる。

　これをシンプルな数式にすると，次のように表現することができる。すなわち，VFM，サービスの量および質を財政支出の金額で除した値ということができる。

$$\text{VFM}=\frac{\text{バリュー（サービスの量・質）}}{\text{マネー（財政支出）}}$$

　続いて，実際にPPPの実務でVFMがどのように利用されているかを整理する。要点を整理すると，次のようにまとめることができる。

- VFMは，実務的にはPPP（PFIを含む）採択に際する判断基準として用いられている。すなわち，VFM評価の結果，VFMが認められる場合はPPP方式が採用される。

13　例えば，英語圏の国での新聞広告などでは"VFM"という表現がよく見られるが，それは「お買い得」，「お値打ち価格」といった意味で用いられている。

14　HM Treasury（2006）"Value for Money Assessment Guidance"

- VFM評価は，実務的には，従来方式採用時の公共支出額とPPP方式採用時の公共支出額の比較の形を取る。そして両者の差がVFMと呼ばれる。
- 世界的にPPPの採択時にVFM評価を行っている国は，豪州，カナダ等の一部の先進国に限られている。
- 我が国においても，VFM評価が行われるのはPFIに限られている。他のPPP手法においてはVFMという言葉すらほとんど登場しない。
- PPPの中でも，特にコンセッション型やオフテイク型においては（公共支出が発生しないことも多いため）VFM評価が技術的に難しいとされる。
- VFMの検証（定量的評価）では，サービスの量・質を従来方式とPFI方式と同一と想定したうえで，両者のLCCの多寡のみを比較してVFMの有無が検証されている。これは，バリュー（サービスの量・質）を定量評価することが難しいためである。

こうした実情を踏まえて，VFMあるいはVFM評価の意義については，様々な議論があるところである。

第1の議論は，VFM評価の必要性および信頼性に関するものである。VFM検証については，世界各国のPPP実務において，実はそれほど広く実施されているわけではない。我が国においても，PFI以外のPPP手法に関しては，ほとんどVFMという言葉は聞かない。そのシンプルな理由としては，VFM評価が法的に義務化されていないことが挙げられるが，それに加えて，VFM検証が技術的に難しく，手間暇がかかるわりにはその結果の信憑性が必ずしも高いわけではないと考えられていること等が挙げられる[15]。

第2の議論は，VFM評価の理念と現実のギャップに関するものである。

---

15 特に，コンセッション型PPP事業におけるVFM検証の技術的な難しさについては，佐々木（2012）を参照のこと。

VFM評価の方法論としての限界，およびその結果として発生する理想と現実のギャップに関するものである。上記のように，本来は，VFMは「バリュー」と「マネー」の双方の要素からなる。したがって，VFM評価では，本来，その双方を同レベルで勘案するべきである。しかし，特にPFIの実務においては，「バリュー」の部分の定量評価が難しいために，事実上「マネー」の部分だけの比較となり，論点が「従来方式とPFIのどちらが安いか」となってしまっている[16]。こうした実情に対し，特に国際的な場においては，よりサービスの質や受益者便益の側面を考えるべきとの指摘がなされている[17]。

　実際には，ある事業を実施する，あるいはある公共サービスを提供する際には，PPPを含む複数の方法や手法を検討することは必須であり，その意味では方法論としてのVFM評価の必要性や意義自体は否定されるべきものではないと考える。しかし，特に一部でVFMの言葉が独り歩きし，またその言葉が与えるイメージと，実務で行っていることに多少なりとも乖離があるために，違和感もしくは混乱を覚える者があることも事実である。そのことを踏まえつつ，VFMという用語については，不用意に使用するのではなく，しかるべき文脈で適切な使い方をするよう心掛けたい。

4 ┃ グリーンフィールドとブラウンフィールド

　PPP事業の中でも，特に大規模な事業施設の整備等が伴う事業について，グリーンフィールド，ブラウンフィールドといった言葉が用いられる。特に明確な定義はないが，グリーンフィールドとは新たな施設整備が求められる事業，ブラウンフィールドとはすでに施設が存在し，事業参画時に新たな施設整備が

16　上に示したシンプルな公式を使うと，分子の「バリュー」の部分を従来方式とPPP方式で同値とすれば，分母の「マネー」の部分だけでVFMの値に差がつくことになる。

17　UNECEが推進しているピープル・ファーストPPPは，従前のPPPにおいて，VFMの「マネー」に偏った考え方について疑問を呈し，よりサービスの受益者の視点を重視すべきであることを唱えるものである。詳細については，コラム1を参照のこと。

不要，もしくは大規模改修や更新が求められる事業という意味で用いられる。どちらかというと民間側で用いられる言葉である[18]。

　グリーンフィールドとブラウンフィールドでは，基本的に，これから事業に参画しようとしている民間企業にとってのリスクの見え方や期待収益の観点が大きく異なる。それらを整理したのが図表3－3である。

図表3－3　民間企業の目から見たグリーン／ブラウンの違い

	グリーンフィールド	ブラウンフィールド
リスクの見え方	相対的に未知のものが多い	相対的に既知のものが多い
期待収益	相対的に高い	相対的に低い
参画形態	出資＋業務受託	出資

出所：筆者作成

　グリーンフィールドの事業においては，施設整備や事業運営に関するリスクについて未知のものが多い。その典型例が，将来需要である。したがって，民間がリスク管理に要するコストもかさみ，その分，期待収益も高くなる。一方，ブラウンフィールドの事業においては，すでに施設は存在し，また事業運営実績（データ）も存在する。案件によっては大規模改修や更新が伴い，それに関連するリスクは存在しうるが，それでもグリーンフィールドに比べると既知のものが多いといえる。よって，期待収益も相対的に低くなる。

　もう1つ重要な観点は，事業参画形態である。すなわち，グリーンフィールドの場合は，いわば新規事業のため，プロジェクトカンパニーへの出資に加えて，建設，運営，維持管理などの業務受託ができる可能性が十分に認められる。他方，ブラウンフィールドは，一般的には事業施設の運営や維持管理を担当する企業がすでに存在する。よって，参画形態は基本的に既存のプロジェクトカ

18　なお，グリーンフィールド，ブラウンフィールドという呼称の起源は明らかではないが，一説によると，ゴルフ場の芝の色になぞらえて，新しいものをグリーン，既存のものをブラウンと呼ぶようになったとのことである。

ンパニーへの出資のみ（または加えて経営参画）という形になる。言い換えると，ブラウンフィールドで途中から参画して，そこから運営や維持管理の業務を受託することは難しい。

5 ▎民間提案型PPP（アンソリシティド方式）

PPPは，基本的に公的機関において「特定のサービスの提供が必要」と認識し，その提供の手法の1つとして検討されるものである。したがって，一般的に事業の着想やその具体化にかかるイニシアチブは公共側にある。これに対し，民間が自らの着想に基づき，公共サービスの提供にかかる計画および提案を行うというアプローチがある。世界的には，前者をソリシティド方式（Solicited Approach），後者をアンソリシティド方式（Unsolicited Approach）と呼ぶ[19]。本書では，後者をシンプルに「民間提案型PPP」と同義で扱うこととする。

PPPの民間提案制度については，世界的にも広く採用されており，我が国でもその普及が図られている[20]。例えば，我が国のPFI法の第6条では，民間主導による事業提案（いわゆる「6条提案」）が認められている。また，国は「PPP事業における官民対話・事業者選定プロセスに関する運用ガイド」や「PFI事業民間提案推進マニュアル」を作成するなどし，民間提案型PPPの普及を図っている[21]。

民間提案型PPPにかかる制度に関しては，特に以下の点についてしっかり手当てをすることが成功の鍵と考えられる。

19　アンソリシティド方式によるプロポーザル（Unsolicited Proposal）は，その頭文字をとって"USP"と称されることも多い。

20　民間提案制度を積極的に活用している国としては，米国，韓国，フィリピン，インドネシアなどがある。

21　ただし，内閣府PPP/PFI推進室（2020）『民間提案制度に関する調査・検討について』によると，「6条提案」は令和元年度のレビュー時点で5件しかなく，今後の活用拡大が期待される。

---

① 透明性と公平性の確保

② 競争過程の導入

③ 提案事業者に対する適切なインセンティブの確保

---

①と②の点は表裏一体のことであるが，PPPの事業者選定は公共調達となるため，公共調達のルールに則り，十分な透明性と公平性を確保しなければならない[22]。また，特定の事業提案者がある状況においても，他者がそれに対抗提案を提出する余地（いわゆる「スイス・チャレンジ」）を認めるなどし，競争性を確保することが重要である。他方，提案事業者に対するインセンティブを与えることも大切であり，公共調達過程において対抗グループが現れた場合は，オリジナルの事業提案者としての加点が得られるなどのインセンティブ付与の仕組みを講じる必要がある。

民間提案型PPPについては，上記のように透明性等の面での留意点はあるものの，基本的には国の内外で積極的な活用が期待されるところである。特に，我が国では，公有地活用型PPPについては民間提案のフィット感が高いと考えられる。また，第5章でも見るように，海外においても民間提案型のアプローチを取ることにより，スピーディかつ自身の広い裁量の余地を確保した形で事業の形成・実施ができる可能性がある。

国内外の多くの公的機関において事業計画に係るリソースを十分に割けない状況にあって，今後，民間企業による積極的な事業提案の動きが強まることが期待される[23]。

---

22 これらを理由に，民間提案型PPPを認めていない国もある。その代表例はインドである。
23 これはまったくの筆者の私見・感覚ではあるが，そうしたアプローチこそ，本来PFI（Private Finance Initiative）と呼ぶのがふさわしいとも思われる。

6 ▎PPPにおける公共支援の種類

　コロナ禍の影響もあり，公共セクターにおいてPPPに対する期待は高まっているところであるが，逆に民間セクターにおいては事業に関する不確実性やリスクが高まっており，どちらかというと民間企業の姿勢はより慎重なものとなっている。そうした中で，PPPを成功裡に実現するためには，民間企業に対する公的支援（財政的および非財政的支援）が適切に行われることも重要である。以下では，国内外でPPP成立のために重要とされる主な公的支援について解説する。

(1)　用地取得および公有地の活用

　PPPの役割分担において，用地取得は多くの場合，公共契約機関の責任とされる。事業を計画どおりに実行するためにも，着実な取得と利用可能性の確保が求められる。それに加えて，世界および我が国では，公有地の貸付けや公共資産のリースの形をとるPPPの増加も見られる。実際，本来的な価値や事業ポテンシャルがあるにもかかわらず，公的機関自身による有効利用のための発案やリソースが十分にない場合も多いと考えられる。そのポテンシャルを活かして公共サービスをより充実させるため，民間企業に対して公的資産の利用を積極的に開放していくという姿勢も重要である。

(2)　VGFの拠出

　あらゆるPPPにおいて財務的な実行可能性（Financial Viability）が担保されることは，民間企業にとって必須の要件である。他方で，事業自体は必要であるが，収入の面から収益性の低い事業も存在する。そうした事業においては，公共契約機関やその他の公的機関がプロジェクトカンパニーに対して事実上の補助金を拠出することにより，事業の財務的な実行可能性が担保される。諸外国では，これは一般にVGF（Viability Gap Funding）と呼ばれ，特にコンセッション型事業において広く用いられている。我が国のPPPにおいても，国によ

る財政支援の一層の充実（そのための制度の構築や見直しを含む）が期待される。

(3) 収入保証

第1章で述べたPPPの3つの類型のうち，オフテイク型とアベイラビリティ・ペイメント型については，事実上の収入保証のメカニズムが契約上に内包されていることを述べた。他方，コンセッション型については，自動的には収入保証が付されることはなく，個別案件ごとに定められることになっている。

率直にいって，多くの政府機関の財政状況が逼迫する中で，収入保証を取り付けることは容易ではない。しかし，市場ではそうしたニーズが高まっているのは事実であり，公共契約機関はその対策を考える必要がある。その1つの方法として，例えばコンセッション型ではなくアベイラビリティ・ペイメント型を採用するという方法も考えられる。

(4) 信用保証

上記に関連し，オフテイク型やアベイラビリティ・ペイメント型を採用した場合でも，公共契約機関による支払に対するリスクは残る。すなわち，公共契約機関が，定められたタイミングで定められた金額を適切に支払うことができるかという問題である。我が国では公共契約機関による支払遅延の例は耳にしないが，諸外国，特に開発途上国においてはそのリスクが高い。そうした場合には，国際機関や公的機関が信用補完措置（Credit Enhancement）として発行している保険や保証を利用するという方法が考えられる[24]。

---

[24] 国際機関としては，世界銀行グループのMIGA（Multilateral Investment Guarantee Agency）が，公共契約機関による債務不履行をカバーする保険・保証を発行している。また，個別の国では，例えばインドネシアでは，同様の保険・保証をIIGF（Indonesia Infrastructure Guarantee Fund）という公的機関が発行している。

7 ▎ PPPの限界

　ここでは，あえてPPPの限界について触れておきたい。確かにPPPは公共
サービスの提供において有効な手法（ツール）であるが，必ずしもすべての
サービス提供に適用できるわけではない。また，場合によってはPPPがうまく
機能せず，結果的に失敗とされるケースも生じうる。特に，本書のキーワード
であるサステナビリティPPPを考えるうえで，PPPの限界をよく理解しておく
ことは重要である。具体的には，次のような点が挙げられる。

(1)　民間の技術とノウハウ

　PPPの適用範囲は，民間企業が技術やノウハウを有しているものに限られる。
PPPが適用できない典型例が国防（沿岸警備を含む）である。国防は基本的に
政府の責務である。民間企業は個別の製品製造やサービス提供は可能であるに
しても，国防自体に対する技術やノウハウは基本的にない[25]。このように，民
間企業が担うのに適さない分野や業務も存在することに留意する必要がある。

(2)　調達過程における競争性

　事業者選定過程で競争性が働きにくい案件はPPPがなじみにくい。PPPは原
則として公共調達の手続きを経て事業会社が決定される。そこでは，競争性過
程が発生することが前提とされる。逆にいうと，特定の企業のみが提供できる
サービス，技術，特許が絡むものに関する調達については，競争性が生まれな
いため，PPP事業として公共調達を行うのに適さないことが多い。

(3)　リスクと収益性のバランス

　民間企業は，十分な収益性が確保できる見込みが立たない事業には参画しな

25　我が国における防衛関連のPFIとしては，宿舎，史料館，衛星の整備・運営事業は存在
　　するが，国防自体を業務範囲とするものは存在しない。これは世界的に見ても同様である。

い。民間企業がPPPに参画するための前提条件として，負担すべきリスクが管理可能で，かつ十分な収益を確保できることが挙げられる。言い換えると，民間企業が負担する業務範囲およびリスクと，将来収益の水準および確実性が適切にバランスしていることが重要である（図表3－4参照）。そうでなければ，公募をかけても応募者がないという結果を招きかねない。

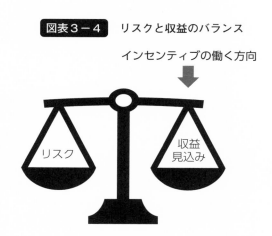

図表3－4　リスクと収益のバランス

出所：筆者作成

⑷　民間事業者の倒産もしくは撤退

　民間企業は公的機関と異なり，倒産する可能性がある。もしPPP事業の運営期間中に民間企業が倒産した場合は，そのサービスの提供が滞る可能性がある。また，倒産はせずとも，民間事業者がそのPPP事業あるいはその市場自体から撤退する可能性がある。特に，プロジェクトカンパニー（SPC）の株式譲渡については海外においては一般に行われている。そのため，事業会社の株主が変更になる，あるいはその結果，PPP事業自体から撤退するという判断もありうる。このように，民間企業の半永久的な事業関与は保証されたものではないことを理解する必要がある。

8 ▌PPP事業契約の途中解除について

上記⑦「PPPの限界」で示したように，PPP事業契約の民間側の当事者が民間企業である以上，事業期間の満了以前での撤退（民間側の都合による契約解除）や倒産がありうる。ここでは，そのパターンと対処方法について論じる。

まず，事業期間の満了以前にPPP事業契約が解除されるパターンとしては，以下のものがある。

- 民間側の事由：需要予測が正確でなく，民間事業者としての業績が低迷しているためなどの理由による。
- 公共側の事由：政権交代や政策変更による事業内容の見直し，事業自体の中止，「再公営化」など
- 不可抗力：パンデミックや自然災害の発生などのために事業継続が困難になるなど

事業自体が継続される場合としては，基本的に次のような選択肢がある。実際のところ，事業施設自体が消滅したり，機能保全に至るケースはそう多くないと考えられることから，多くの場合はこのうちいずれかの選択肢が取られることになると考えられる。

- 当該事業の運営を担う次の民間事業者を公募・選定する。
- 公共側が自ら運営を実施する。
- 公共側の運営としつつ，他の公的機関や外郭団体に実際の運営を委ねる。

いずれにしても，事業運営者の切り替えはコストも手間暇もかかり，できるだけ回避，またはその影響を最小化したいところである。そのための工夫として，一般的にPPP事業契約書に定められるモニタリングに加えて，以下の要素が重要と考えられる。

- 公共契約機関と民間事業者（場合によっては融資金融機関を含む）の間で密なコミュニケーションを図り，リスク顕在化の可能性が感じられた段階で早めの相談を行い，必要な対処を取る。
- 民間側の事由，公共側の事由を問わず，両者による相談，協議，調整のプロセスをPPP事業契約に定め，運営者の切り替えまでに十分な時間をとり，スムーズな移行ができるようなプロセスを定める。
- 特に，不可抗力については，その定義やカバー範囲についてできるだけ具体的に示すようにし，必要に応じて公共による支援の提供が可能な余地を設ける[26]。

コラム3

インフラ老朽化・技術者不足対策としてのPPP

　我が国におけるインフラサービスの提供においては，施設の老朽化対策や，人材不足（特に地方自治体における技術者不足）が深刻な問題として顕在化しつつある。そして，その対策として，PPPの活用にかかる期待が高まっている。ここではインフラ老朽化および人材不足の現状を確認するとともに，その対策としてのPPPの可能性について考察する。

　我が国におけるインフラの老朽化については1990年代から橋梁のアセットマネジメント等の文脈で論じられてきたが，それが現実の問題として意識されるようになったのは2010年代以降である[27]。国土交通省は，今後，建設後50年以上経過する社会資本が増加し，それに必要なメンテナンス費も大きく増加すると予測している（図表3－5参照）[28]。そうした中，実際，我が国においても，老朽化した橋梁やトンネルの崩落等が発生している[29]。

26　コロナ禍の影響で，国内外で多くのPPP事業が深刻な影響を受けたことは記憶に新しい。そうした不可抗力についても柔軟に対応し，サービス提供の継続性を十分に確保できるような規定をPPP事業契約書におくことが望ましい。

27　我が国におけるインフラ老朽化の問題を比較的早期に指摘した代表的な著書としては，根本（2011）が挙げられる。

図表3-5　今後，建設後50年以上経過する社会資本の割合（予測値）		
インフラの種類	2023年3月	2033年3月
道路橋［約73万橋（注1）（橋長2m以上の橋）］	約39%	約63%
トンネル［約1万1千本（注2）］	約27%	約42%
河川管理施設（水門等）［約1万施設（注3）］	約42%	約62%
下水道管きょ［総延長：約47万km（注4）］	約8%	約21%
港湾岸壁［約5千施設（注5）（水深−4.5m以深）］	約32%	約58%

注1：建設年度不明橋梁の約23万橋については，割合の算出にあたり除いている。
注2：建設年度不明トンネルの約400本については，割合の算出にあたり除いている。
注3：国管理の施設のみ。建設年度が不明な施設を含む。（50年以内に整備された施設については概ね記録が存在していることから，建設年度が不明な施設は約50年以上経過した施設として整理している。）
注4：建設年度が不明な約2万kmを含む。（30年以内に布設された管きょについては概ね記録が存在していることから，建設年度が不明な施設は約30年以上経過した施設として整理し，記録が確認できる経過年数ごとの整備延長割合により不明な施設の整備延長を按分し，計上している。）
注5：建設年度不明岸壁の約100施設については，割合の算出にあたり除いている。
出所：国土交通省ウェブサイト（https://www.mlit.go.jp/sogoseisaku/maintenance/02research/02_01.html）より筆者抜粋

　また，人材不足問題については，特に地方自治体における道路や上下水道等の分野については技術者不足が深刻化している。
　頻発する災害への対応に加え，インフラの老朽化，技術者不足と，多くの地方自治体（特に中小自治体）は，インフラの維持管理に関する三重苦に悩まされている。それらの問題に対しては，総務省や国土交通省が中心となって各種の対策が打たれているが，その中の1つの対策としてPPPの活用に対する期待が高まっている。

28　なお，これは国土交通省所管のインフラに関するデータであり，他省の所管するインフラや公共施設についても老朽化が進んでいる。
29　その典型例として，笹子トンネル天井板落下事故（2012年）や，熊本県道32号小川嘉島線府領第一橋落橋事故（2016年），和歌山市水管橋落橋事故（2021年）などを挙げることができる。ただし，これらの事故について老朽化のみを原因とすることについては異論もある。

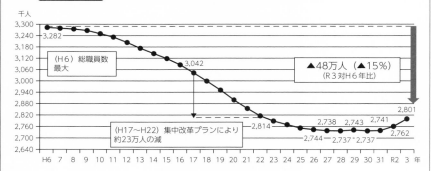

図表3－6 地方公共団体の総職員数の推移（平成6年〜令和3年）

出所：総務省ウェブサイト（https://www.soumu.go.jp.iken/kazu.html）

　水道分野では，例えば浜松市では，全国の地方自治体に先駆けて，2018年4月よりコンセッション方式により西遠処理区の下水道終末処理場の運営を民間に委ねている。また，広島県水道局は，民間企業との共同出資により「水みらい広島」という新たな事業体を立ち上げ，水道事業の運営を行っている。さらに，2019年には呉市上下水道局からの出資も加わり，まさに公民一体となった水道事業を運営している。こうした動きは，道路分野においても見られる。例えば，いくつかの自治体では，包括的民間委託を通じた一括発注（バンドリング）やアウトプット仕様の導入により効率的なインフラ維持に取り組む事例が見られるようになってきている[30]。

　もちろん，PPPを活用したからといって，これらの問題が根本的に解決されるわけではない。しかし，PPPにその影響緩和効果が期待されていることも事実である。これらの事例が，インフラの老朽化や技術者不足の問題に対する手当てとしての「ショーケース」もしくは「成功モデル」として確立され，さらに他の地方自治体での「再現」が進んでいくことに期待したい。

30　例えば，道路や上下水道等の管理を包括的に民間に委託する方式については，府中市，三条市，宇部市，福島県が採用している（2022年4月現在）。

第4章

PPP事業のライフサイクルと
実施プロセス

　本章では，多くのPPP事業に共通するライフサイクルについて解説する。PPP事業のライフサイクルは，基本的に，「事業計画の策定」，「民間事業者の選定」，「事業施設の建設」，「事業の運営」，「事業の終了」の5段階に分類される。このプロセス自体は従来方式と同様であるが，各段階で公的機関が担う役割や行うべき事項が大きく異なりうる[1]。本章では多くのPPP事業に共通するステップについて解説を行い，第2部の事例編および第3部の実践編の基礎とする。

1 ┃ PPP事業のライフサイクル

　PPP事業のライフサイクルおよび実施プロセスは，一般的に図表4-1のように整理される。なお，同図表の右欄には参考として典型的なPPP事業における所要期間を示しているが，当然のことながらそれらは個々の事業によって異なる。

1　第3章で述べたように，PPPには，公的機関が発案するソリシティド方式と，民間企業が発案するアンソリシティド方式が存在する。そのうち，本章では前者を想定した解説を行う。

図表4−1　PPP事業のライフサイクルと各段階

第1段階	事業計画の策定	2〜3年
第2段階	民間事業者の選定	1〜2年
第3段階	事業施設の建設	2〜3年
第4段階	事業の運営	10〜30年
第5段階	事業の終了（＋承継）	−

出所：筆者作成

2　ステップ1：事業計画の策定

　PPP事業は，特定の公共施設や公共サービスが必要であるということを社会が認識することから始まる。公的機関は，そうした社会のニーズに基づいて対応を検討し，必要に応じて自身の将来事業の候補に加える。このプロセスを，「事業の認識」と呼ぶ。ただし，この時点では，その事業がPPPで実施されるか否かは未定である。

　将来事業の候補の中でも，特に優先度の高いものについては事業化に向けた調査が実施される。こうした調査は，「事業化可能性調査」，「Pre-Feasibility Study：Pre F/S」，「Feasibility Study：F/S」などと呼ばれる。これらの調査では，一般的に，施設の機能，規模，基本仕様，需要予測，積算，経済効果，スケジュール等が検討される。

　PPPの活用可能性を検討する場合は，従来方式にはない次のような項目が追加的に検討される。

- 事業スキームと民間事業者の業務範囲
- 公共と民間の役割およびリスクの分担

- 民間資金調達のストラクチャー
- 民間セクターに対するマーケットサウンディング（関心調査）
- 事業の採算性
- VFM評価

　こうした調査は専門のコンサルタントを起用して行われるのが一般的である。調査期間は，通常は1年程度，短くても6か月程度を要し，長いものは数年を要するものもある。調査を実施した結果，事業実施の判断および事業実施方式が決定される[2]。このプロセスを「事業の形成」または「事業の特定」という。

　特にこの段階における民間セクターに対するマーケットサウンディングが重要であることが多くの経験より明らかになっている。すなわち，その事業について民間の関心があるか否か，参画を実現するためにはどのような条件設定が必要かといった事項について，民間とのコミュニケーションを通じて把握し，それを事業のスキームや条件に適切に反映することが重要とされる。その作業が適切に行われないと，入札が不調に終わったり，事業実施後に深刻な問題が発生する可能性が高くなる。

　また，このプロセスにおいて，公共契約機関は，事業のステークホルダーに対する情報共有や意見聴取をしっかり行い，その結果を事業計画に適切に反映することが重要である[3]。これは，ステークホルダー・エンゲージメントと呼ばれ，「ステークホルダーのことをよく理解し，ステークホルダーとその関心事を，事業活動と意思決定プロセスに組み込む組織的な試み」を意味する[4]。これは，ステークホルダーの事業に対する理解を深めるとともに，事業に対する支援の取り付け，あるいは事業の持続可能性の強化を図るうえで非常に重要なプ

2　特にPFI事業では，この段階でVFM評価が行われる。その結果，VFMが生まれることが確認されれば，当該事業はPFIの形で実施することが妥当と判断される。

3　PPP事業のステークホルダーの範囲や種類については，第1章を参照のこと。

4　ステークホルダー・エンゲージメントにかかる詳細については，第7章，第8章および別紙3を参照のこと。

ロセスといえる。

3 ┃ ステップ２：民間事業者の選定

　民間事業者の公募と選定の過程は，「入札準備段階」，「事前資格審査段階」，
「優先交渉権者決定段階」，「契約交渉・締結段階」の４つの段階からなる[5]。

　入札準備段階には，入札図書の作成や予算措置が行われる。入札図書には，
一般的には，「事前資格審査参加要請書（Request for Pre-Qualification, RfQ）」
と「入札参加要請書（Request for Proposal, RfP）」がある。前者は，入札参
加を希望する者に対して，入札への参加資格の確認を行うために配布される書
類である。後者は，資格審査を通過した者が，実際に入札を行うための手続き，
書式，基準等を示した書類である。

　入札図書の作成が完成し，予算措置が取られると，いわゆる入札過程（プロ
ポーザル評価・事業者決定段階）に入る。一般的にはまず，入札への参加資格
の有無を確認する事前資格審査（Pre-Qualification, P/Q）が行われる。具体的
に，まず事業実施機関から事業のRfQが公布される。入札参加者は必要書類を
準備し政府に提出して審査を受ける[6]。そして，この過程で入札参加資格が認め
られた者が，本番の入札に招かれる。具体的には，P/Q審査通過者に対して，
入札の実施に係る手続き，条件，様式，スケジュール等を示したRfPが公布さ
れる。

　RfPが公布された後，P/Q審査通過者は技術プロポーザルを作成し，発注者
に対して提出する。無論，その中には入札価格も含まれる。典型的なプロポー
ザルの評価方法としては，基本的に価格競争と総合評価方式がある。前者は，

5　インフラ事業の多くは大規模（したがって高額）の調達となり，入札者の実績，信用力，
　技術力，事業実施能力等が問われるため，入札過程も複雑で時間がかかる。特に新興国に
　おいては，このプロセスに数年を要することも珍しくない。
6　RfQやRfPの書類は一般的に非公開であるが，PPP事業などでは稀に公開されることも
　ある。また，多くの場合，それらの書類は有料である。

技術評価が一定基準を満たした者については一律「合格」とし，そのうえで価格の多寡で優劣を決定するというものである。また，後者は，一般的にはプロポーザルの技術要素を評価した技術点と，入札価格を評価した価格点とが，所定の計算式によって統合・得点化され，その多寡で優劣を決定するというものである[7]。

　プロポーザルの評価結果を踏まえ，入札参加者の順位が決定され，1位の者は優先交渉権者として決定される。公共契約機関は，優先交渉権者との交渉を経て，PPP事業契約を締結する。事業の種類によっては，優先交渉権者は事業実施のための特別目的会社（Special Purpose Company：SPC）を設立するが，その場合は，PPP事業締結までにそのSPCを設立し，SPC名で公的機関とPPP事業契約を締結する[8]。

　なお，多くの場合，公共契約機関はPPP事業の経験や，民間ビジネスに関する知識や経験は少ない。このため，事業者の選定・契約締結過程においては，民間のアドバイザー（コンサルタント）を起用するのが一般的である。

　アドバイザーの種類としては，PPPの統括アドバイザー，フィナンシャルアドバイザー，テクニカルアドバイザー，法務アドバイザー等がある。また，これらのアドバイザーが提供するサービスを，一般的にトランザクション・アドバイザリー・サービス（Transaction Advisory Services：TAS）と呼ぶ。

4 ┃ ステップ3：事業施設の建設（該当する場合）

　PPP事業の契約が締結されると，実際に事業が開始される。具体的には，事業施設の設計と建設が行われる[9]。前節で示したように，多くの場合，民間事業者自体は事業実施の「器」であるから，実際に施設の設計や建設を行うのは，

7　参考までに，日本のPFI事業の入札においては，この総合評価落札方式が採用されていることが多い。

8　事業によっては，SPCが設立されないこともある。

9　PPPの中には事業施設の建設が伴わないものも多くある。

下請の専門企業となる。専門企業の選定については，民間事業者に委ねられる場合も多い。しかし，国によっては公共調達過程を経ることが求められる場合もあるので注意する必要がある。

　また，事業によっては，PPP事業契約の締結時点では，事業用地が完全に確保できていない，あるいは建設地の周辺の住民との合意が完全に得られていない場合もある。第3章で述べたように，そうしたリスクを負担するのは原則的に公共契約機関であるべきではあるが，実際はその影響は民間事業者にも及ぶ可能性が高い。現実に，建設工事の遅延は用地確保や住民との合意形成の遅延に起因することも多く，この点についても十分な留意が必要である。

　事業施設の建設のスケジュールやコスト管理については，公的機関によるモニタリングと，民間事業者自身によるセルフモニタリング，およびそれに加えて融資金融機関によるモニタリングが行われる。事業施設の完工リスクはPPP/PFI事業のリスクの中で最も重要なリスクの1つであるから，このモニタリングは非常に重要である。

　施設の設計・建設作業と並行し，施設整備に必要な資金調達についても行う必要がある。事業施設の建設に必要な資金については，ほとんどの場合，民間事業者は金融機関からの借入れによりその多くを調達する。民間事業者と金融機関の融資契約はPPP事業契約の締結と同時あるいはその直後に締結されるが，その後も民間事業者は融資実行のための各種手続きを踏まなければならない[10]。

　事業施設の完工時においては，通常，公的機関における検査が実施される。その検査によってはじめて事業施設の完工が承認され，正式に事業運営が開始できるようになる。なお，特にプラント施設においては，事業施設が所定のパフォーマンスを発揮できることを確認するための試運転期間が設けられる。その場合，試運転期間において所定のパフォーマンスが確認されることが完工承認の1つの条件として含まれる。

10　それらの一連の手続きを終え，融資実行が可能になる状態のことをフィナンシャル・クローズ（Financial Close：F/C）」と呼ぶ。

5 ┃ ステップ4：事業の運営

　事業施設の完工が認められると，晴れて事業の運営が開始されてそのインフラのサービスが提供されることになる。この期間における民間事業者の業務は，多くの場合，「O&M」と呼ばれる。

　「O」は，Operation（運営もしくは運転）の略表記で，サービス提供のための中心的な業務である。

　また，「M」は，Maintenance（維持管理）の略表記で，清掃，定期点検，消耗品の交換など，ビルメンテナンス会社やプラントメーカーによる事業施設の機能維持が主たる内容である。民間事業者の具体的な業務内容は個別のPPP事業契約に定められる。事業によっては，「O」の部分は公共契約機関が担当し，民間事業者の業務範囲にはほぼ含まれないこともある[11]。

　事業施設の建設期間と同様に，運営期間においても，公共契約機関，民間事業者および融資金融機関によるモニタリングが実施される。特に，比較的高い需要リスクを負うコンセッション型の事業や，発電所や水道事業のようにプラントの性能やパフォーマンスに関するリスクが伴う事業においては，運営開始数年後（例えば2～3年の間）は，計画どおりの需要や性能が得られているかを注意深く確認し，もしそれらが得られていないようであれば早期にその是正対策を取っていく必要がある[12]。

6 ┃ ステップ5：事業の終了と承継

　PPP事業の終了は，「事業契約の満了による終了」と「事業契約の途中解除による終了」がある。

　前者については，PPP事業契約においては，すべからく契約期間が定められ

11　例えば，多くの学校PPP/PFI事業においては，教育の提供は公共が行い，民間事業者の業務範囲は施設の維持管理に事実上限定されることも多い。

12　運営期間の重要性については，コラム4を参照のこと。

る。契約満了時の場合は，事業契約がBOOT，BOT，BTOの形式をとる場合は，事業施設は物理的に民間事業者から公共契約機関に移管される。

　事業契約がBOOの形式をとる場合は，民間事業者から公共契約機関への事業施設の移管は発生せず，民間事業者は基本的に契約期間中に事業施設を廃棄するなど，契約で定められた形で事業施設を処分し，当該事業用地を明け渡す。その後の事業運営については，新たに運営を担う民間事業者の選定が行われる場合[13]と，公共契約機関自身が事業を引き取って運営を行う場合がある。

　後者については，公共側の事由による契約解除と，民間側の事由による契約解除が想定される。いずれの場合においても，帰責事由を有する者が相手方に損害賠償を行う必要がある。なお，契約解除された場合の事業運営の継続については，PPP事業契約満了時の手続きと同じように，新たに運営を行う民間事業者が選定される場合と，公共契約機関自身が引き取って運営を行う場合がある。

　いずれの場合においても，PPP事業契約満了時における事業施設の移管に関しては，移管時における当該施設の整備状況やパフォーマンスに関する公共側の要求水準について確認する必要がある。特に，移管に伴って施設大規模修繕や主要機械の更新が必要となる場合，それを既存の民間事業者の業務範囲に含めるのか，または後継の運営の業務範囲に含めるのかが重要なポイントとなる。

　また，仮に後継の運営者がそれまでの民間事業者と異なる場合，その引継ぎが適切かつ円滑に行われる必要がある。具体的には，運営ノウハウはもちろんのこと，マニュアル，システム（ハードウェア，ソフトウェア），設備・備品，スペアパーツ，事業施設の図面や維持管理履歴に関するデータ，関係者の個人情報，その他事業運営に関する情報やデータが適切に継承されなければならない。

---

[13]　後継の民間事業者の選定は公募もしくは随意契約で行われるが，それまで事業運営を担っていた企業が最も高い競争性を有することは明らかである。なお，プラント施設等においては，事実上，EPCの施工やメンテナンスを行った会社以外，事業承継できない場合もある。

　なお，契約の満了または解除による終了とは異なるが，民間事業者の資本構成を変更することによる事実上の事業からの撤退ということもありうる。これは，具体的には，SPCへの出資分の全部または一部の売却の形をとる。我が国のPFI事業においてはSPCの株式売却が行われたケースは非常に稀だが，海外においては広く行われている。公共契約機関は，一定の合理性が認められ，かつ事業運営に本質的な影響が発生しない場合は，SPCの資本構成の変更を認めるべきである。

7 ▌ 我が国のPFIの実施プロセス

　内閣府のPPP/PFI推進室によると，PFI事業の実施プロセス（地方自治体の案件の場合）は図表4－2に示すように7つのステップに分類され，それぞれ地方自治体と民間事業者がすべきことが記されている[14]。

　基本的には本章のこれまでのセクションに示した流れ，手続きと同様だが，我が国として特徴的なのは，実施方針の公表および特定事業の選定の手続きが義務付けられていることである。

　実施方針とは，PFI法の第5条に規定されている手続きで，民間事業者に対して事業の情報を早期に提供し，入札に向けて準備をしてもらうとともに，民間企業からの意見を吸い上げることを目的としている。

　また，特定事業の選定とは，PFI導入可能性の検討を経た事業について，PFI事業として実施することの妥当性をさらに詳細に検討・評価し，PFI事業の実施を決定するという意味を持つ。このプロセスにおいて，いわゆるVFM評価が行われる。

14　内閣府PPP／PFI推進室ウェブサイト
　（https://www8.cao.go.jp/pfi/pfi_jouhou/tebiki/jitsumu/jitsumu_index.html）

図表4-2 PPP/PFI事業のライフサイクルと各段階

ステップ	公共契約機関	民間事業者
1．事業の発案1	• PFI事業の実施検討 • PFI導入の庁内合意形成 • 民間事業者からの事業発案受付	• 事業発案の検討 • 先行事例の情報収集
2．実施方針の策定および公表	• 事業内容の具体化 • スケジュールの設定 • 実施方針の策定，公表，意見聴取 • 市場調査等の実施 • 実施方針の変更	• 先行事例の情報収集 • 実施方針の分析
3．特定事業の評価・選定，公表	• 財政負担の見込額の検討 • サービス水準の評価 • 特定事業の選定，公表 • 特定事業の選定に用いた詳細資料の公表	• 選定，公表された特定事業の分析
4．民間事業者の募集，評価・選定，公表	• 募集資料の作成，公表 • 応募者からの質問への回答 • 提案書の受付 • 審査委員会の運営 • 審査結果の公表	• グループ結成 • 提案事項の調整 • 提案書の作成，提出
5．協定等の締結等	• 事業契約書の協議 • 事業契約書の締結 • 直接協定の締結	• SPCの設立
6．事業の実施，監視等	• 提供される公共サービスの水準の監視等 • 金融機関のモニタリング機能を活用したSPCの財務状況の監視	• 協定等に従った事業の実施
7．事業の終了	• 施設の引渡し，明渡し等	• 協定等に従った事業の終了 • SPCの解散

出所：内閣府PPP/PFI推進室のウェブサイト情報に基づき筆者作成

ライフサイクルにおいて最も長いのは「運営期間」

　PPPに関する議論は，どうしても計画段階や施設整備段階に焦点が当てられがちである。しかし，そのライフサイクルにおいて一般的に最も長いのは運営期間である。実際，長いものだと，運営期間が20〜30年のものが存在する。PPP事業の持続性を実現していくためには，まさに運営期間における民間事業者の着実な業務履行やリスクマネジメントが重要である。

　ここで，改めて，運営期間中に顕在化しうるリスクを考えてみたい。実際に我が国のPPP事業においてみられる運営にかかるリスクの例としては，以下のものが挙げられる。

- 気候変動（異常気象，気温上昇，海面上昇を含む）
- 法令変更（環境基準の変更などによる対応事項の増加を含む）
- コロナ禍のようなパンデミックの発生
- 地震や火山噴火などの自然災害の発生
- 燃料費や光熱水費の高騰
- 採用している技術やソフトウェアの陳腐化
- 同様のサービスを提供する競合施設の出現
- 人口減少によるサービスの内容，質，量の変化
- 事業施設や設備の予想以上に速い劣化の進行
- 人件費の変動（最低賃金水準の変更を含む）

　また，海外の事業においては，上記に加えて次のようなリスクが挙げられる。

- テロや戦争の発生による国際情勢の変化
- 政権交代（クーデターを含む）による政策変更や事業の見直し
- 政府による事業施設の強制収用
- 公共契約機関による支払遅延
- 為替レートの変化

　民間事業者は，その一部業務の請負業者や再委託先と連携しつつ，長期間にわたってこれらのリスクを適切にマネジメントし，公共サービスの提供を継続していかなければならない。他方，公共契約機関においては，民間事業者がこのようなリスクを負担および管理していることをしっかり認識しておく必要がある。

　加えて，事業の運営期間中における，公共契約機関とのコミュニケーションも重要である。具体的には，これらのリスクが顕在化する可能性が認識されたときに事前対策，顕在化後の対処方法および費用負担，あるいは，必要に応じてPPP事業契約の変更について密な「ホウ・レン・ソウ」が必要となる。まさに，こうした場面においてこそ，PPPにおける「パートナーシップ」の真価が問われている。

　運営期間中における公共と民間のコミュニケーションでもう一点重要なのは，事業の再現性についてである[15]。通常，公共契約機関によるPPPの活用は1つの事業に限定されない。すなわち，もし仮に1つの事業が成功したならば，それを踏まえて他の事業に展開しようという考えが生まれ，それを実現しようとするモーメンタムが働く。その際に，公共契約機関は誰にはじめに相談するかというと，多くの場合は既存の事業の受託者である。

　もちろん，PPPの民間事業者の選定は公共調達過程を経て決定されるため，ある民間事業者がカジュアルな相談を受けたからといって，それ自体が次の事業の受託者の選定に直接的な影響を与えるわけではない。ここで指摘したいのは，運営期間中におけるそうしたコミュニケーションを通じて，成功体験を踏まえた新たなPPP事業を生み出せる可能性が高まるという点である。

　以上をまとめると，まず，運営期間は長期にわたるので，民間事業者は，ある意味では事業施設の整備期間以上のリスク管理や創意工夫，あるいは「しなやかさ」が求められている。また，事業運営においては，様々なリスクを"いなす"という「守り」の側面がある一方で，新たなPPP事業を生み出すという「創造的」な側面も含まれうる。最後に，公共契約機関もそのことをしっかり認識し，民間事業者と適切なコミュニケーションを取りつつ，必要に応じて柔軟かつ合理的な対応を取っていくことが求められる。

15　PPPにおける再現性の重要性については，第5章を参照のこと。

第5章

サステナブルPPPとは

　本章では，基礎編の締めくくりとして，本書でのキーワードである「サステナブルPPP」について解説する[1]。はじめにサステナブルPPPの定義付けを行い，続いて，PPPを持続可能なものとする要素について整理する。次にSDGsの基礎的事項を示したうえで，実際にPPPがSDGsとどのような関係を有し，またいかにその達成に貢献できるかについて考察を行う。以上を踏まえて，最後にSDGsへの貢献余地が特に大きいと考えられるPPP領域を示す。

1 ■ サステナブルPPPの定義

　本書では，サステナブルPPPを「自らが持続可能でかつSDGsの達成に貢献するPPP」と定義する。すべてのPPP事業はそれぞれの事業目的を有している。水道PPP事業であれば良質な水の安定的な供給であったり，病院施設であれば施設の利用可能性の確保であったりする。いずれにしても，公的機関や地域住民等が求めるサービス等が確実かつ安定的に提供され，その事業目的を達成することが，そのPPP事業にとって一義的に重要である。上の定義の前半部分はそのことを意味している。

1　第2章で解説したように，PFIはPPPの一種である。したがって，サステナブルPPPの概念には，PFIも含まれる。

　他方で，SDGsについては，公的機関と民間企業の双方に対応が求められるところである。特に，「パートナーシップ」は，SDGsのゴール17（詳細については後述）に直結するものであり，PPPを通じたSDGs貢献にかかる議論も世界的に高まっている。その意味では，PPP事業の形成および実施においては，単に直接の事業目的の達成でなく，その先にあるSDGsへの貢献可能性をしっかり見据えることも重要である。上の定義の後半部分はそのことを意味している。

2 ┃ PPPに求められる持続可能性

　ここでは，PPPに求められている持続可能性の要件について論じる。第2章で述べたように，PPPは公共契約機関と民間事業者の間で締結される長期契約に基づいて実施される。その間，タイムリーに施設の整備が行われ，確実かつ安定的にサービスの提供が行われることが重要である。その意味で，まさにPPP自体に持続性や継続性が求められている。

　PPPの持続可能性について直感的な理解を早めるために，まずは「持続的でなかったPPPの例」をここで挙げてみたい。実際に，以下のような事例が存在する。

- 需要予測が適切でなく事業採算が低迷し，多額の公的資金が投入されるなどしたケース（例：台湾新幹線，韓国高速道路PPP事業[2]）
- 公共と民間のコミュニケーションがうまくいかず，契約が途中解除に至ったケース（例：高知医療センター，近江八幡市立総合医療センター，西尾市公共施設再配置第1次プロジェクト）

2　韓国では特に2000年代初頭に多くの有料道路事業がPPPの形で実施されたが，民間投資を呼び込むため，多くの事業では政府による最低収入保証（Minimum Revenue Guarantee：MRG）が付されていた。なかには釜山－大邱線のような成功事例があるが，多くの事業で需要が予測を下回り政府が保証を発動する事態に陥った。その後，あまりにも政府負担が大きいため，MRG制度は廃止されることとなった。

> ・料金やサービスに不満があり，PPPから公営に戻されたケース（例：フランスやアルゼンチンにおける水道事業の再公営化）

これらの事例は，PPPも適切に管理が行われなければ持続的に実施できない可能性があることを示す証左といえる。では，改めてPPPの持続可能性を支える要素は具体的に何かについて考えてみたい。筆者の考えでは，PPPが持続可能となるために必要とされる要素は，以下のものである。

> 1．地域の理解と支援（Acceptance and Support by Local Community）
> 2．財務のサステナビリティ（Financial Sustainability）
> 3．財政のサステナビリティ（Fiscal Sustainability）
> 4．機能のサステナビリティ（Functional Sustainability）
> 5．技術のサステナビリティ（Technical Sustainability）
> 6．環境のサステナビリティ（Environmental Sustainability）
> 7．再現性（Reproducibility）

これらの要素の関係を視覚的に示したのが，図表5－1である。

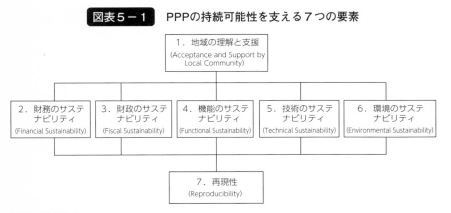

図表5－1　PPPの持続可能性を支える7つの要素

出所：筆者作成

以下では，それぞれの要素について解説する。

①　地域の理解と支援

　PPP事業の実施に際して，まずその計画段階において，事業を取り巻く地域の住民，企業，その他団体等に対して十分な説明を行い，その理解を得ることが重要である。また，できるだけ地域の声を吸い上げ，それを事業計画に反映することが望ましい[3]。事業実施段階においても，民間事業者や公共発注機関が，地域と十分なコミュニケーションを図り，地域が直接的にその事業の利益を享受していることや，そのサービスに対して十分に満足していることを継続的に確認（モニタリング）することが重要である。この要素は，PPP事業の持続可能性を支える土台であるとともに，その究極の目的といえる。

②　財務のサステナビリティ

　PPP事業のプレイヤーとして民間企業の存在は必須であるが，民間企業がPPP事業に参加する目的は，ボランティアやCSRではなく，収益を得るためである。よって，当該事業は財務的に，言い換えるとビジネスとして持続可能でなければならない。もしそのPPP事業において十分な収益性が確保できない場合は，サービスの低下，料金の値上げ，公的資金の追加投入，また最悪の場合は事業の破綻といった事態が発生しうる。こうした事態を防ぐためには，精度の高い需要予測の実施，現実的な収支計画の策定，適切な料金水準の設定と変更，着実な事業のモニタリング，柔軟な事業条件の見直しといったことが重要である。

③　財政のサステナビリティ

　アベイラビリティ・ペイメント型やオフテイク型など，プロジェクトカンパ

3　特に，発電施設や廃棄物処理施設など，周辺住民に対する裨益効果が見えにくい（場合によってはその逆の効果が懸念される）事業においては，とりわけ丁寧な説明や調整が必要とされる。

ニーに対する長期的な支払いが発生する，いわゆる"Government-Pays"型の
PPP事業の場合は，そのライフサイクルにわたって公共契約機関が健全な財務
状態を保てることが重要である。具体的なリスクとしては，PPP事業契約を締
結することにより，公共契約機関に財政の硬直化を招く可能性がある。また，
仮に公共契約機関が複数年にわたる支払いのコミットメントをしていても，毎
年の予算化および執行が適切に行われるとは限らない[4]。よって，事業計画時に
おける公共契約機関の支払能力（Affordability）のチェックは必須事項といえ
る。

④　機能のサステナビリティ

　PPP事業を通じて整備されるインフラなどの公共施設の機能維持に関しては，
経年劣化と災害対策の2つの問題がある。前者については，事業契約期間中の
施設の経年劣化を最小化するための計画は必須ではあるが，運営期間中の公民
のコミュニケーションが非常に重要である。また，後者については，事業施設
のレジリエンス，すなわち，災害等に対して強靭かつ回復力が高いことが求め
られる。我が国および世界のあらゆるところで，洪水，地震，津波，台風，火
山噴火などの天災が発生している。それらに対するレジリエンスを高めること
は，サービスの利用者および地域住民にとって大きな意義がある。

⑤　技術のサステナビリティ

　PPP事業で採用する技術は，実証されたものでかつ陳腐化リスクの低いもの
である必要がある。前者については，従前より，特にIPPの分野におけるプロ
ジェクトファイナンスの供与に際して，技術的なリスクを回避するために，実
証された技術（Proven Technology）を採用することが重要な要件とされてき

4　こうした事例として，例えば英国においては，2022年現在，病院PFIにおけるプロジェ
　クトカンパニーに対するユニタリーチャージの支払いが，発注者である国民保健サービス
　（National Health Services）の財政を逼迫しているため，PFIの契約解除の是非に関する議
　論が続けられている。

た。また，特にITなどの進化・進歩のスピードが速い技術を採用する事業についても，不確実性を排除する観点から慎重に検討される傾向がある。PPPの事業計画を策定する場合は，（公民の双方において）採用する技術に係るリスクについてのアセスメントや評価をしっかり行う必要がある[5]。

⑥　環境のサステナビリティ

公共事業の実施に伴う環境に関する影響評価については，我が国および海外の多くの国において，伝統的に環境影響評価（Social and Environment Inpact Assessment：EIA）として実施されてきた[6]。特に，近年においては，SDGsや気候変動に関する世界的な関心の高まりを背景として，環境に対する影響を最小限にする，あるいは積極的に環境負荷を軽減するような取組みが期待されている。PPP事業においても，事業用地の選定，事業施設の設計・建設，および運営のすべての段階において，環境保護や気候変動対策に関する配慮や手当てを適切に行っていくことが求められている。

⑦　再現性

ここでいう再現性には2つの意味がある。1つは，当該事業の契約が満了した後の再現性の意味であり，もう1つは他の地域における同様の事業の再現性の意味である。前者については，現行契約が満期終了した後に，再びPPPとして継続されるかどうかという点が重要である。もしそれがPPP事業としての持続可能性があるならば，その後もPPP事業として（少なくともO&Mに関して）再発注がなされて事業は継続されるはずである[7]。後者については，1つの成功事例を分析してモデル化し，それを他の地域で展開するという視点である。こ

5　なお，これに関連して，公共契約機関における技術者の確保，維持という観点も重要である。この問題については，コラム3を参照のこと。

6　EIAに付随して，社会面の影響評価が行われることも多い。例えば，アジア開発銀行は，そのセーフガード・ポリシー（Safeguard Policy）において，"Environment Safeguards"，"Involuntary Resettlement"，"Indigenous Peoples" を3つの柱としている。

れは，PPPのモデルを標準化し普及させるという重要な意味を持つ。

3 ■ SDGsの概要と取組みの意義

　SDGs[8]は，誰一人取り残さない（leave no one behind），持続可能でよりよい社会の実現を目指す世界共通の目標である。これは，2015年の国連サミットにおいてすべての加盟国が合意した「持続可能な開発のための2030アジェンダ（2030 Agenda）」の中で掲げられたものである。2030年を達成年限とし，17のゴールと169の達成目標（ターゲット）を設定するとともに，その進捗状況を測るための約230の指標（達成度を測定するための評価尺度）が定められている。

　SDGsの前身であるミレニアム開発目標（Millennium Development Goals：MDGs）は，主として開発途上国向けの目標であったのに対し，SDGsは，先進国も含め，すべての国が取り組むべき普遍的（ユニバーサル）な目標となっている。また，その主体としても，政府などの公的機関のみならず，企業，アカデミア，一般市民による取組みが期待されている。

　SDGsには，それ自体，拘束力はない。それなのに，なぜこれほど多くの政府や企業がSDGs達成に向けて動きつつあるのか。

　まず企業に関しては，SDGsへの取組みが業績に対して無視できない影響を与えるようになってきたことが基本的な理由である。世界の多くの投資家がそうした企業への投資への傾斜を加速する傾向が顕著になってきた。また，それと並行して，公的制度の利用条件や金融機関の借入条件にもその影響が及んで

7　他方，もしその後のO&Mが公的機関によって行われるようであれば，そもそもの当該事業のPPPとしての持続可能性に疑問符が付く。場合によっては，「施設を整備することを目的として便宜的にPPPを利用しただけの「偽装PPP（Disguised PPP）」とのそしりを免れない。

8　本節におけるSDGs自体の説明は，基本的に外務省が作成した『持続可能な開発目標（SDGs）と日本の取組』および同省ウェブサイトの情報に基づく。よって，日本語表記も外務省による仮訳に準じている。

きた。企業が自発的にかつ多くの場合，非営利目的で実施するCSRと異なり，基本的に経済合理性に基づいてSDGs達成に向けた行動をとるような仕組みや環境が生まれている。その傾向は不可逆的であり，かつ今後さらに強まっていくものと考えられる。

　これに対して，公的機関，とりわけ地方公共団体がSDGsに取り組む動機付けはやや漠としている。中央政府にとっては，国連やCOP3などの国際会議の場で，SDGsの達成に取り組んでいることを示すことにより，国際的な地位の維持・向上に資するというメリットがあることは理解できる。これに対して，地方公共団体にとっては，そうした外生的な動機付けは見出しにくい。よって，特に地方自治体によるSDGs貢献に向けた取組みに関しては，当該団体における自らの意識や意欲が問われるところである。

　SDGsの17のゴールのテーマおよび内容は，図表5－2に示すとおりである。このうち，特にゴール1～6が開発途上国における課題，ゴール7～12が先進国や企業も取り組むべき課題，ゴール13～17がグローバルな課題に関連するものとされる。

図表5－2　SDGsの17のゴール

1	貧困	あらゆる場所あらゆる形態の貧困を終わらせる
2	飢餓	飢餓を終わらせ，食料安全保障及び栄養の改善を実現し，持続可能な農業を促進する
3	保健	あらゆる年齢のすべての人々の健康的な生活を確保し，福祉を促進する
4	教育	すべての人に包摂的かつ公正な質の高い教育を確保し，生涯学習の機会を促進する
5	ジェンダー	ジェンダー平等を達成し，すべての女性及び女児のエンパワーメントを行う
6	水・衛生	すべての人々の水と衛生の利用可能性と持続可能な管理を確保する
7	エネルギー	すべての人々の，安価かつ信頼できる持続可能な近代的なエネルギーへのアクセスを確保する

8	経済成長と雇用	包摂的かつ持続可能な経済成長及びすべての人々の完全かつ生産的な雇用と働きがいのある人間らしい雇用（ディーセント・ワーク）を促進する
9	インフラ，産業化，イノベーション	強靭（レジリエント）なインフラ構築，包摂的かつ持続可能な産業化の促進及びイノベーションの推進を図る
10	不平等	国内及び各国家間の不平等を是正する
11	都市	包摂的で安全かつ強靭（レジリエント）で持続可能な都市及び人間居住を実現する
12	消費と生産	持続可能な消費生産形態を確保する
13	気候変動	気候変動及びその影響を軽減するための緊急対策を講じる
14	海洋資源	持続可能な開発のために，海洋・海洋資源を保全し，持続可能な形で利用する
15	陸上資源	陸域生態系の保護，回復，持続可能な利用の推進，持続可能な森林の経営，砂漠化への対処ならびに土地の劣化の阻止・回復及び生物多様性の損失を阻止する
16	平和	持続可能な開発のための平和で包摂的な社会を促進し，すべての人々に司法へのアクセスを提供し，あらゆるレベルにおいて効果的で説明責任のある包摂的な制度を構築する
17	実施手段	持続可能な開発のための実施手段を強化し，グローバル・パートナーシップを活性化する

出所：外務省『持続可能な開発目標（SDGs）と日本の取組』

　また，各ゴールには，達成目標（ターゲット）と，実現のための方法が定められている。前者は「1.1」のように数字で示され，また後者は「1.a」のようにアルファベットで示されている。図表5－3に，ゴール1を例にとって達成目標（ターゲット）および実現方法を示す。

図表5－3　ゴール1（貧困）の達成目標（ターゲット）および実現方法

1.1	2030年までに，現在1日1.25ドル未満で生活する人々と定義されている極度の貧困をあらゆる場所で終わらせる。
1.2	2030年までに，各国定義によるあらゆる次元の貧困状態にある，すべての年齢の男性，女性，子どもの割合を半減させる。
1.3	各国において最低限の基準を含む適切な社会保護制度及び対策を実施し，2030年までに貧困層及び脆弱層に対し十分な保護を達成する。
1.4	2030年までに，貧困層及び脆弱層をはじめ，すべての男性及び女性が，基礎的サービスへのアクセス，土地及びその他の形態の財産に対する所有権と管理権限，相続財産，天然資源，適切な新技術，マイクロファイナンスを含む金融サービスに加え，経済的資源についても平等な権利を持つことができるように確保する。
1.5	2030年までに，貧困層や脆弱な状況にある人々の強靱性（レジリエンス）を構築し，気候変動に関連する極端な気象現象やその他の経済，社会，環境的ショックや災害に暴露や脆弱性を軽減する。
1.a	あらゆる次元での貧困を終わらせるための計画や政策を実施するべく，後発開発途上国をはじめとする開発途上国に対して適切かつ予測可能な手段を講じるため，開発協力の強化などを通じて，さまざまな供給源からの相当量の資源の動員を確保する。
1.b	貧困撲滅のための行動への投資拡大を支援するため，国，地域及び国際レベルで，貧困層やジェンダーに配慮した開発戦略に基づいた適正な政策的枠組みを構築する。

出所：外務省ウェブサイト（https://www.mofa.go.jp/mofaj/gaiko/oda/sdgs/statistics/goal1.html）

4 ▌ 各ゴールに対するPPPの貢献可能性

　ここでは，PPPとSDGsの関係について考察する。具体的には，PPPが，SDGsとして規定されている17のゴールにどのように関係しているか（あるいは関係していないか），また，PPPを通じてどのようにSDGsの達成に貢献できるかについて論じる。

　まず，PPPを通じたSDGs達成の直接的な貢献余地に関し，筆者の考えをま

とめたものを図表5－4に示す[9]。これは，公共サービスの提供手法の1つとしてのPPPの性質，および世界におけるPPPの活用状況を踏まえて整理したものである。

図表5－4　PPPを通じたSDGs達成の直接的な貢献余地

	直接的な貢献余地		
	大きい	**中程度**	**小さい**
対象ゴール	6　水・衛生 7　エネルギー 9　インフラ等 11　都市 12　生産・消費	3　保健 4　教育 5　ジェンダー 8　経済成長と雇用 13　気候変動 15　陸上資源	1　貧困 2　飢餓 10　不平等 14　海洋資源 16　平和
共通	17　実施手段	－	－

出所：筆者作成

　総じていうと，企業としてビジネス化または市場化しやすいゴールについては高い貢献余地が認められる。一方で，それらが難しい社会的問題を取り扱うゴールについては高い貢献余地は見出しにくい。なお，ゴール17は，それ自体が目標というよりもゴール1〜16を実現するための手段として位置付けられているため，他のゴールとは異なる扱いとした。

　以下に，それぞれのゴールに対する貢献余地についての筆者の考えを簡潔に記す。

9　実際のところ，ここで「貢献余地が小さい」としたゴールについても，PPPが間接的または遠因となって寄与できる可能性はある。事実，本書のコラム1で触れた「ピープル・ファーストPPP」は，それらの配慮をより積極的に進めていくことの重要性を強調している。しかし，実際に各ゴール間でPPPとの関連性について程度の差があることは事実であり，また，「風が吹けば桶屋が儲かる」的にPPPをすべてのゴールに強引に結びつけることは避けたい。こうした考えに基づき，ここではあえてこのようにシンプルな整理・表現を行ったものである。

ゴール1 貧困（直接的な貢献余地＝小）

　貧困撲滅を直接の対象とするPPPは世界的に見ても確認できない[10]。また，民間企業のビジネスの1つであるというPPPの性質を鑑みるに，現状では直接的な貢献余地は低いと考えられる。ただし，中長期的観点に立った場合，PPPを通じた産業や社会経済の発展，企業育成や職業訓練の推進，あるいはそれらを通じた雇用機会の創出等により貧困撲滅につながるシナリオには，十分な合理性と説得力が認められる。

ゴール2 飢餓（直接的な貢献余地＝小）

　飢餓の緩和を直接の対象とするPPPは世界的に見ても確認できない。また，PPPの性質を鑑みるに，現状では直接的な貢献余地は低いと考えられる。ただし，ゴール1と同様，中長期的観点に立った場合，PPPを通じた産業や社会経済の発展，企業育成や職業訓練の推進，あるいはそれらを通じた雇用機会の創出等により飢餓の緩和につながるシナリオには，十分な合理性と説得力が認められる。

ゴール3 保健（直接的な貢献余地＝中）

　日本および世界では病院PPPの事例が見られるが，近年はそれほど増えていない。また，コロナ禍の影響で病院PPPに関する不確実性が高まり，PPPの形での案件形成が難しくなっている[11]。ただし，コロナ禍が収束した暁には，再び病院PPPへの投資意欲が強まる可能性は十分に認められる。また，福祉施設の整備を通じた高齢者向け福祉サービスの充実も多くの国で重要な課題となっ

10　ここにおける「確認できない」は筆者の知る限りの情報であり，その存在の可能性をまったく否定するものではない。以降も同様である。

11　多くの病院では財政状態が不安定になったり，職員の離脱・退職が発生したりして，事業の今後に対する不確実性が高まっている。このため，民間企業からすると，投資や事業参入をするのが難しくなっている。

ており，PPPの活用が検討されている[12]。

ゴール4　教育（直接的な貢献余地＝中）

日本および世界（特に先進国）では学校PPPの事例が多数見られ，校舎の整備・維持管理や教育サービスの提供が行われている。他方，開発途上国における学校PPPの事例はまだ多くない[13]。ゴール4が基本的に想定しているのは開発途上国と位置付けられており，今後，開発途上国における教育において，PPPをどのように活用していけるかについては引き続き検討が必要とされるところである。例えば，仮に義務教育の支援が難しくても，職業訓練の形でPPPが貢献できる余地はあると考えられる。

ゴール5　ジェンダー（直接的な貢献余地＝中）

ジェンダーの主流化達成を直接の対象とするPPPはこれまであまりハイライトされてこなかったが，事業の一部として取り組んでいるケースは国内外でも多く見られる。例えば，我が国では，子育て支援機能を含む複合施設のPPP事業が多く実施されている。また，開発途上国においても，職業訓練を通じて女性の就労機会や収入増加を図る試みが見られる。例えば，世界銀行は，事業の形成，法規制の設定，ステークホルダー・エンゲージメント，事業の特記仕様書の過程において，ジェンダーの主流化に貢献するための工夫が可能であると指摘している[14]。このようなことを踏まえると，PPPがこのゴール達成に貢献できる余地は十分にあると考えられる。

12　典型的には，中国においては，かつての一人っ子政策の影響を受けて，高齢者に対する介護サービスを提供するニーズが急激に高まっている。

13　その理由としては，開発途上国においては，学校PPPで主として採用されているアベイラビリティ・ペイメント型PPPの普及自体が進んでいないことが挙げられる。

14　PPPがジェンダーとどのように関連し，またその主流化に貢献しうるかについては，IBRD（2019）が参考になる。

ゴール6 　水・衛生（直接的な貢献余地＝大）

　主として開発途上国において上下水道の整備にかかるニーズは依然として大きい。PPPのビジネスモデルも確立されており，目標達成にPPPが貢献できる余地が大きい[15]。ビジネスモデルとしては，第1章で示したように，コンセッション型とオフテイク型の双方が考えられる。

　以下に，SDGsで定められた実現方法の中で，特に関係性が高いと思われる部分の抜粋を示す。

SDGsに示された実現方法（関連個所の抜粋）

6.a：2030年までに，集水，海水淡水化，水の効率的利用，廃水処理，リサイクル・再利用技術など，開発途上国における水と衛生分野での活動や計画を対象とした国際協力とキャパシティ・ビルディング支援を拡大する。

ゴール7 　エネルギー（直接的な貢献余地＝大）

　先進国および開発途上国の双方においてクリーンエネルギーにかかるニーズは大きい。IPPなどのビジネスモデルも確立されており，目標達成にPPPが貢献できる余地が大きい。発電では，太陽光，風力，地熱などの再生可能エネルギーの推進が期待される。また，他のエネルギーとして水素やアンモニアの活用推進も期待されるところである。

　以下に，SDGsで定められた実現方法の中で，特に関係性が高いと思われる部分の抜粋を示す。

15　PPPがゴール6の達成にいかに寄与しうるかについては，IFCがそのウェブサイトにおいて詳しく解説している。関心のある読者はそちらも参照されたい。（https://www.ifc.org/wps/wcm/connect/Industry_EXT_Content/IFC_External_Corporate_Site/PPP/Priorities/Water/）

SDGsに示された実現方法（関連個所の抜粋）

7.a：2030年までに，再生可能エネルギー，エネルギー効率及び先進的かつ環境負荷の低い化石燃料技術などのクリーンエネルギーの研究及び技術へのアクセスを促進するための国際協力を強化し，エネルギー関連インフラとクリーンエネルギー技術への投資を促進する。

7.b：2030年までに，各々の支援プログラムに沿って開発途上国，特に後発開発途上国及び小島嶼開発途上国，内陸開発途上国の全ての人々に現代的で持続可能なエネルギーサービスを供給できるよう，インフラ拡大と技術向上を行う

ゴール8 　経済成長と雇用（直接的な貢献余地＝中）

　PPPの多くは経済活動を支えるインフラの整備・運営のために活用される。その意味でPPPと経済成長や雇用との関連性は高い。これらは，雇用創出等を通じて，ゴール1～5の達成にも大きく貢献しうる要素である。ただし，経済成長や雇用創出自体を目的とするPPPというのはないため，直接的な貢献余地は中とした。

ゴール9 　インフラ，産業化，イノベーション（直接的な貢献余地＝大）

　運輸交通や電力等のインフラ，あるいは通信回線やデータセンターの整備を通じて，産業の高度化や情報通信技術の普及，あるいはレジリエンス[16]の強化に貢献できる余地は大きい。特に，ICTの活用やDXの促進，あるいはレジリエンスの強化は，開発途上国に限らず，我が国を含む先進国においても同様に重要な課題である。

16　この文脈におけるレジリエンスとは，災害等が生じた場合でも，その影響を最小化するとともに，早期に本来の状態・機能を回復する強靱性や復元力のことをいう。

　以下に，SDGsで定められた実現方法の中で，特に関係性が高いと思われる部分の抜粋を示す。

SDGsに示された実現方法（関連個所の抜粋）

9.a：アフリカ諸国，後発開発途上国，内陸開発途上国及び小島嶼開発途上国への金融・テクノロジー・技術の支援強化を通じて，開発途上国における持続可能かつ強靱（レジリエント）なインフラ開発を促進する。

9.c：後発開発途上国において情報通信技術へのアクセスを大幅に向上させ，2020年までに普遍的かつ安価なインターネットアクセスを提供できるよう図る。

ゴール10　不平等（直接的な貢献余地＝小）

　不平等の解消を直接の対象とするPPPは世界的に見ても事例はない。また，PPPの性質を鑑みるに，直接的な貢献余地は低いと考えられる。ただし，ゴール1やゴール2と同様，中長期的観点に立った場合，PPPを通じた産業や社会経済の発展，企業育成や職業訓練の推進，あるいはそれらを通じた雇用機会の創出や内陸部の発展等により経済格差の是正につながるシナリオには，十分な合理性と説得力が認められる。

ゴール11　持続可能な都市（直接的な貢献余地＝大）

　我が国のPFIにも見られるように，PPPを活用したスマートシティや公共建造物の整備の例は多く見られる[17]。また，今後は，防災対策の一環としてのレジリエンスのさらなる強化が認められる。海外（先進国および途上国）においてもこれらのニーズは高いが，PPPを通じて日本の経験や技術を活用できる余

17　我が国における防災関連のPPP事例とてしては「佐原広域交流拠点PFI事業」，「山梨県防災新館整備等事業（PFI事業）」や「流山市防災備蓄倉庫整備促進事業」などがある。

地は大きいと考えられる。

　以下に，SDGsで定められた実現方法の中で，特に関係性が高いと思われる部分の抜粋を示す。

SDGsに示された実現方法（関連個所の抜粋）

11.c：財政的及び技術的な支援などを通じて，後発開発途上国における現地の資材を用いた，持続可能かつ強靱（レジリエント）な建造物の整備を支援する。

ゴール12　持続可能な消費と生産（直接的な貢献余地＝大）

　多くの途上国において廃棄物の問題は依然として深刻である。他方でPPPを通じた廃棄物処理施設の整備・運営は我が国をはじめとして多くの国で実施されている。また，今後は特に開発途上国において，廃棄物処理施設の整備ニーズが顕在化してくるものと思われる。その他，環境や社会への影響低減の観点からも，目標達成にPPPが貢献できる余地が大きいと考えられる。

　以下に，SDGsで定められた実現方法の中で，特に関係性が高いと思われる部分の抜粋を示す。

SDGsに示された実現方法（関連個所の抜粋）

12.c：開発途上国の特別なニーズや状況を十分考慮し，貧困層やコミュニティを保護する形で開発に関する悪影響を最小限に留めつつ，税制改正や，有害な補助金が存在する場合はその環境への影響を考慮してその段階的廃止などを通じ，各国の状況に応じて，市場のひずみを除去することで，浪費的な消費を奨励する，化石燃料に対する非効率な補助金を合理化する。

ゴール13　気候変動（直接的な貢献余地＝中）

　ゴール7（エネルギー）やゴール9（インフラ／イノベーション等）を通じて，気候変動の進行を「緩和」する効果が期待できる。また，気候変動への「適応」についても民間企業の積極的な提案や行動が求められるところである。その意味で，PPPがゴール13の達成に貢献できる可能性は十分にあると考えられる。ただし，気候変動の影響緩和自体を目的とするPPPは世界的に見ても事例はなく，その意味で直接的な貢献余地は中程度（間接的）とした。

ゴール14　海洋資源（直接的な貢献余地＝小）

　海洋資源の問題解決を直接の対象とするPPPは世界的に見ても事例はない。また，PPPの性質を鑑みるに，直接的な貢献余地は低いと考えられる。ただし，ゴール12などの達成を通じて，あるいはそれと並行して，海洋資源問題の緩和につながるシナリオには，十分な合理性と説得力が認められる。

ゴール15　陸上資源（直接的な貢献余地＝中）

　PPPの文脈における陸上資源とは少しわかりにくいが，主たるものとして森林の保護や管理が挙げられる。我が国ではまだ検討の段階にあるが，諸外国においてはPPPコンセッション方式により森林管理を行う事例が見られる[18]。世界的に見てもまだ普及度は低いが，実現すれば相当の貢献が期待される。

ゴール16　平和（直接的な貢献余地＝小）

　平和の維持や構築を直接の対象とするPPPは世界的に見ても事例はない。また，PPPの性質を鑑みるに，直接的な貢献余地は低いと考えられる。ただし，中長期的観点に立った場合，経済成長や社会の平等や公平性の向上を通じて，

18　我が国においては，成長戦略会議における「PPP/PFI等に関するワーキンググループ」などにおいて，林業分野におけるコンセッション導入の検討がされている（2021年9月現在）。

平和の維持や構築につながるシナリオには，十分な合理性と説得力が認められる[19]。また，例えば物流機能やレジリエンスの強化などの形で，PPPが戦後復興に貢献できる可能性も認められる。

ゴール17　実施手段

PPPは，文字どおり，公共と民間の連携による公共サービスの提供であり，SDGsに示されたパートナーシップの一形態と考えられる。その意味で，PPPの実施自体が直接的にSDGs達成に貢献するものである[20]。

以下に，SDGsで定められた実現方法の中で，特に関係性が高いと思われる部分の抜粋を示す。

SDGsに示されたターゲット（関連個所の抜粋）

17.17：さまざまなパートナーシップの経験などをもとにして，効果的な公的，官民[（※）]，市民社会のパートナーシップをすすめる。

（※）官民のパートナーシップ：政府や自治体などの公的機関と民間の企業などによる協力

---

5 ┃ SDGsへの貢献余地が特に大きいPPPのビジネス領域

以上の考察結果を受けて，SDGsの達成に大きく寄与しうるビジネス領域を図表5-5に整理した。具体的には，前節において「PPPを通じたSDGs達成の直接的な貢献余地が大きい」とされたゴールを抽出し，それらに関連するPPPのビジネス領域を示した。

19　例えば，第6章で紹介するフィリピン国ミンダナオ島カラガ地区の総合開発の事業などは，地域開発を通じて地域の経済発展を促し，結果的にミンダナオ島（特にバンサモロ地域といわれる紛争地域）の平和構築に貢献できる可能性が認められる。

20　PPPを通じたSDGs貢献については，国際的にも関心が高まっている。国際機関による普及・啓蒙の取組みについては，別紙2を参照のこと。

図表5-5 SDGsの達成に向けて高い寄与が見込まれるビジネス領域

SDGsのゴール		高い寄与が見込まれるビジネス領域
6	水・衛生	上水道，下水道
7	エネルギー	発電，送配電
9	インフラ等	道路，都市鉄道（モノレール，LRT等），物流，通信，DX
11	都市	まちづくり，スマートシティ，TOD，防災／レジリエンス
12	生産・消費	廃棄物処理（WtEを含む）

出所：筆者作成

① ゴール6「水・衛生」

ゴール6「水・衛生」に関しては，特に開発途上国において，新規の上水供給や下水道整備のニーズがあり，民間企業にとってのビジネスチャンスが認められる。それには処理施設や管路の整備（EPC業務）に加えて，運転や保守を行うO&Mのニーズが含まれる。

PPPの事業スキームとしては，プロジェクトカンパニーがサービス供給や料金徴収まで行うコンセッション型と，プロジェクトカンパニーが水道公社等に上水を供給するオフテイク型（用水供給）がある。なお，上水道と下水道を一体化したPPPはよく見られるが，下水道単体でPPP事業化している例は少ない[21]。また，日本でも水道関連のコンセッションが一部の自治体で採用されており，今後さらに拡大していくことが期待される。

② ゴール7「エネルギー」

ゴール7「エネルギー」に関しては，日本の国内外において，再エネ電力（太陽光，風力，地熱，水力等）の発電施設や，送配電網の増強のニーズがあり，民間企業にとってのビジネスチャンスが認められる。PPPの事業スキーム

---

21 その大きな理由としては，下水道単体の場合は，初期投資を回収するために十分な水準の料金設定をすることが難しいことが挙げられる。

としては，発電に関してはIPPが基本と考えられる。開発途上国では電力の買い手とPPAを結ぶオフテイク契約が一般的であるが，先進国，中進国，および一部の開発途上国においては，買い手があらかじめ特定されていないマーチャント市場において取引がなされているものもある。なお，ゴール7については，電力関連事業以外にも，水素やアンモニアなどの新エネルギーに関連するビジネスも存在する。

③　ゴール9「インフラ等」

　ゴール9「インフラ等」に関しては，開発途上国を中心として様々なニーズがあり，民間企業にとってのビジネスチャンスが認められる。特にコロナ禍の影響を踏まえ，道路，物流，通信施設（典型的には通信ケーブルやデータセンター等），DX推進（典型的にはデジタル技術を活用した情報共有や決済システムのプラットフォーム構築等）については多くの国で依然として大きな整備ニーズがある。

　また，都市交通についても脱炭素化推進の一環として，化石燃料に頼らないモノレールやLRTの導入検討が進められている。PPPの事業スキームとしては，基本的に料金徴収を行うコンセッション型が多いと考えられるが，アベイラビリティ・ペイメント型を取るケースもしばしば見られる。

④　ゴール11「都市」

　ゴール11「都市」に関しては，多様なビジネス機会が広がっている。海外でいうと，スマートシティの開発，都市交通の整備およびそれに伴うTOD開発，防災／レジリエンスの強化などが挙げられる。

　PPPの事業スキームとしては，都市交通やTODなど料金収受が可能なものはコンセッション型，そうでないものはアベイラビリティ・ペイメント型の採用などが考えられる。

　一方，国内においては，スマートシティや防災／レジリエンスの強化のニーズはある一方で，地域活性化や地域創生に関する様々な好事例が存在しており，

それを他の地域に普及・再現していくというビジネスモデルが考えられる。

⑤　ゴール12「生産・消費」

　ゴール12「生産・消費」に関しては，特に廃棄物処理施設の新規整備や更新を通じた適切な廃棄物の処置・処分，およびそれを通じた環境保全に関するニーズが，開発途上国，先進国を問わず広く認められる。

　PPP事業スキームとしては，地方自治体がプロジェクトカンパニーに対してティッピングフィー（処理委託料）を支払うという，アベイラビリティ・ペイメント型に類似する形を取るのが一般的である。

　また，近年では，廃棄物の焼却より生じる熱を活用して発電（および売電）を行う，廃棄物発電（諸外国ではしばしばWaste to Energy，略して"WtE"と呼ばれる）の事業形態を取る例も増えている。

サービス購入型PFIはサステナブルか？

　本章での議論と関係し，ここでは我が国におけるサービス購入型PFI[22]の持続可能性について考察を行う。

　サービス購入型PFIの捉え方は人によって異なる部分もあるが，筆者は，基本的にはアベイラビリティ・ペイメント型と同義と考えている。すなわち，PPP事業契約に基づいて事業期間中にわたって公共契約機関から民間事業者への支払いが行われる"Government-Pays"型のPPP事業の典型である。しかし，英国がPFIを廃止したことを契機として，公共契約機関がそのような契約を締結することの妥当性に対する疑念がなおくすぶり続けている。

　周知のとおり，英国ではPFIおよびその後継モデルであるPF2の新規採択は事実上凍結されている。その大きな理由としては，以下のものが挙げられる[23]。

22　他国では，同様のスキームをアベイラビリティ・ペイメント型と呼ぶことが多い。

23　英国においてPFI/PF2の新規採択が凍結された経緯や理由については，難波（2021）が詳しい。

- 複数のPFIの長期債務により一部の機関で財政逼迫が生じたこと
- 公民間のコミュニケーションがうまく取れない，あるいは不十分なモニタリングにより，看過できないサービス低下の事象が頻発したこと
- 英国会計検査院が2018年に公表したレポート[24]において，意図的にPFIが優位になるようなVFM評価がされた事案が散見されるとの指摘がなされたこと

　以下では，英国を１つの半面教師として，上記で挙げた点について日本のケースを確認し，その持続可能性について点検・考察を行う。

　長期債務による財政逼迫については，日本でもそのリスクはあり，従前より議論がなされてきた。実際，日本でもそうした事象が発生する可能性は否定できない。よって，特に長期債務負担行為の設定を伴うサービス購入型のPFIの採用を検討する際には，当該事業の必要性とともに将来的な財務負担余力についてしっかり確認する必要がある。

　サービス水準の確保については，日本においてはそれほど深刻な事象は発生していないように見受けられる。しかし，2021年５月に会計検査院が国会に対して行った随時報告『国が実施するPFI事業について』では，モニタリングが適切に行われずに，債務不履行が発生している事案が見られるとの指摘がなされている。

　事実，我が国のPFIにおいても，いったんPFI契約を締結しながらも，公民のコミュニケーションがうまくいかない，また結果としてサービスの質に懸念があり，契約満了を待たずして解約された事例が複数存在する[25]。こうした事実は，我が国のPFIにおいても，適切なコミュニケーションやモニタリングが実現されなければ，サービスの低下や停止を招く可能性があることを示唆している。

　VFM評価の適切さについては，我が国でも多少なりとも疑義があることである。上述の会計検査院の報告によると，VFM評価において結果に重要な影響を与えうる割引率について適切な値が用いられておらず，結果としてVFMの値が過大に評価され，不当にPFI採択に優位に働いた可能性がある旨の指摘がなされた。これは国のPFI事業に対する指摘であるが，同様の事象が地方自治体が

24　この報告書のタイトルは，NAO（2018）"PFI and PF2" である。同報告書では，偏ったVFM評価について，"Flawed VFM Appraisal" といった激しい表現が用いられている。

25　そのような事例としては，高知医療センター，近江八幡市立総合医療センター，西尾市公共施設再配置第１次プロジェクトなどが挙げられる。

実施するPFI事業にも生じている可能性を示唆するものである。VFM評価の信頼性を十分に担保し，PFI自体に対する信頼および持続性をより強固なものにしていくために，これは重要な指摘であったと考える。

　以上，我が国のサービス購入型PFI事業については，財政，サービスの質，手法自体への信頼という観点から，持続可能性に疑義が生じる可能性があることを確認した。しかし，それはPFIやサービス購入型といった手法自体の欠陥ではなく，それを活用する側の問題といえる。サービス購入型の特徴や留意点を十分に踏まえつつ，特に公共契約機関が適切な管理を行うことにより，持続性を担保していくことが十分に可能であると考えられる。

第2部

事例編

　第2部では，第5章で示したサステナブルPPP事業の具体的な事例を紹介するとともに，そこから得られる「学び」を整理する。5つのケースのうち，3つが国内事業，2つが海外事業となっている。いずれも本邦企業が関与する事例であり，国の内外において本邦企業が世界のショーケースたりえるPPPの取組みをしていることがわかる。

第6章

サステナブルPPPの事例

　本章では，国内外におけるサステナブルPPPのショーケース（手本または参考となる要素を多く有すると考えられる先行事例）として5つの事例を取り上げて解説および考察を行う。具体的には，それぞれについて事業概要を整理したうえで，前章で整理したサステナブルPPPを支える7つの要素について確認するとともに，そこから得られる学びや示唆について筆者なりの考察結果を示す。

1 ▍旧長井小学校第一校舎（山形県長井市）[1]

(1) 事業概要

旧長井小学校第一校舎は，国登録有形文化財の木造校舎の再生（リニューアル）を図りつつ，民間活力を利用して市民ニーズを充足するというユニークなPPPの事例である。

図表6－1	旧長井小学校第一校舎（左：正面玄関，右：一階廊下）

出所：旧長井小学校第一校舎提供

旧長井小学校第一校舎は，山形県長井市（人口約2.7万人）に所在し，「子どもの学び」，「大人の学びなおし」，「中心市街地活性化」の3つをミッションとしている。山形鉄道フラワー長井線の長井駅（および現市役所）から徒歩10分，道の駅「川のみなと長井」から徒歩数分，現長井小学校より徒歩0分という立地の良さも幸いし，名実ともに同市の中心に位置する施設である（図表6－2参照）。

この施設は，もともと1933年（昭和8年）に同市の小学校校舎として建設さ

1　本事例紹介の執筆にあたって，旧長井小学校第一校舎の指定管理者であるアクティオ株式会社の薬師寺智之氏および愛甲真也氏，ならびに同施設の施設長の平みわ氏より，施設視察，インタビュー，情報提供，原稿確認等の大きなサポートを得た。この場を借りてお礼を申し上げたい。

図表6-2　長井市および旧長井小学校第一校舎の位置

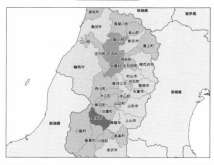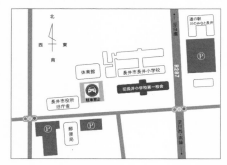

出所：Map-It マップイット（c）（左），旧長井小学校第一校舎提供（右）

れたものである。木造二階建ての，鮮やかな赤味の外壁や建物中央にある大階段，舟底天井の長い廊下を特徴とする施設であり，当時でもこのくらい大規模な木造校舎は全国的にも珍しかった。以降，80年近くの長きにわたって現役の校舎として利用され続け，2009年に国登録の有形文化財に指定された。

　しかし，2015年には耐震強度不足のため閉鎖されることとなった。この際，市として，同施設を存続させるか，解体処分するかについて大きな議論が行われたが，結果的に同施設を保存しつつ（耐震補強工事を含む），同時に指定管理者制度を使って同施設を「まなび」と「交流」の施設として生まれ変わらせるという決定を行った。これは，正確には「歴史的建造物のリノベーションによるコンパクトなまちづくり促進事業」と称された。また，当初より「官民協働事業」と位置付けられ，旧長井小学校第一校舎の活用については，市が建物の基礎的な整備を行い，指定管理者制度の活用により施設の利活用・管理運営は指定管理者が行うとされた。

　長井市側で本事業を所管したのは総合政策課である。2019年の指定管理者の導入に先立って，地方創生推進交付金を活用した調査事業において対話型市場調査等を実施した[2]。2018年3月には「旧長井小学校第一校舎活用基本計画」が

2　この調査は，東京に拠点を置く大手シンクタンクで，筆者の古巣でもある株式会社三菱総合研究所に発注された。

策定され，事業の基本コンセプトが明確化された。その中で，以下のような記述があり，施設運用の持続可能性について明確に言及している点が印象的である。

- 第一校舎を有効活用し，にぎわいづくりや市街地の活性化につなげるために，校舎活用の需要を喚起し，第一校舎を訪れる人を増やし，市全体の交流人口を拡大させていきます。
- 交流人口が増えることによって，第一校舎が立地する中心市街地の商業利用の場としての価値を高め，第一校舎の市民・事業者利用，観光客利用をさらに促進させる好循環を創出し，活用事業の持続的な運営を目指していきます。

図表6－3　旧長井小学校第一校舎の持続性維持のイメージ図

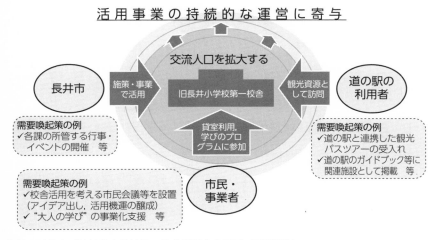

出所：長井市『旧長井小学校第一校舎活用基本計画（概要版）』

基本計画を踏まえて，2018年（平成31年度）に施設の運営管理を行う事業主

体としての指定管理者の公募が行われ，応募した3グループの中からアクティオ株式会社が最高得点を獲得し，指定管理者として選定された。指定管理者による運営施設として供用されたのは，2019年4月27日であった。

基本計画の策定や指定管理者の選定と並行して，2017〜2019年にかけて同施設の耐震補強工事や内装等の整備が行われた。上述のように，同施設は，旧校舎を主として長井市民のための「まなび」と「交流」の場の形で復活させたものである[3]。施設概要は，木造二階建て，幅92.82m（東西方向），奥行10.92m（南北方向），高さ12.1m（最大），延床面積2,303㎡である。

上述の耐震補強工事においては，市の予算で校舎自体をジャッキアップしての免震化が行われた。総事業費は8億8,400万円で，その約半分を地方創生拠点整備交付金および地方創生推進交付金により調達した。また，約5千万円の寄付金（4,728件，60社）も充当された。

旧長井小学校第一校舎の主な利用形態は，長井市と指定管理者が締結した指定管理者協定書に基づき，図表6-4のとおりとされている[4]。

図表6-4 旧長井小学校第一校舎の用途

①学びの場として	・キャリア教育：こどものまちや起業体験ワークショップなどの取組みを実施 ・大人の学び直し：英会話講座やファシリテーション講座など仕事や生活に役立つ学びの機会，歴史建造物講座など長井市の歴史を学ぶ機会などを提供 ・中高生の学習：中高生がフリースペースとして開放している部屋を放課後や休日の学習の場として，多いときは60〜70人が利用

---

3 ただし，実際は，同施設の利用者の約3割は県外からの来訪者とのことであり，同施設の魅力が市外や県外にも広がっていることがわかる。

4 なお，休館は週1回（月曜日），開館時間は午前9時30分から午後9時30分となっている。

| ②交流の場として | ・フリースペース：中高生の勉強以外にも，小学生や親子連れの遊び場，お茶飲みの場として様々な世代が利用，カフェも併設
・イベント等の開催：「みんなでボードゲーム」のイベントや「長井おどり大パレード」の練習会などで様々な世代の交流を促進，英会話カフェにより国際交流の事業も展開 |
| ③その他利用 | ・民間事業者の利用：民間企業が事業利用スペースを利用して事業を実施中（賃借）
・展示室の整備：市の歴史や産業を学ぶ展示室 |

出所：旧長井小学校第一校舎提供資料に基づく

図表6-5　施設利用者の様子（左：フリースペース，右：学び・交流ルーム）

出所：旧長井小学校第一校舎提供

　長井市が策定した地域再生計画によると，同施設の施設運営主体の基本的な役割分担は，次のとおりとされる。

・長井市：校舎の免震化等の基礎的なハード整備および管理運営する民間事業者の選定・委託，施設利用のPRを行う。
・校舎を管理運営する民間事業者：経営ノウハウを生かし，校舎内装工事等を実施するとともに，校舎の管理運営やテナント入居者の募集，観光交流センターや入居者等と連携したイベントの企画実施，やまがた長井観光局（現：やまがたアルカディア観光局）との連携による校舎を活用

> した観光商品の企画実施等を行い，収益を上げることで地域に貢献する。

　指定管理者が運営を開始して2022年４月で３年になるが，総務省資料[5]によると，具体的な成果として以下のものが得られている。

- アウトカムを重視した事業やイベントの実施により，市内外・県外から多くの来館者（2019年４月オープンから2019年12月末までの来館者60,687人，当初想定の約1.5倍）があり，交流人口および関係人口の増加につながっている[6]。
- 気軽に集えるフリースペースを設置したことにより，幅広い世代の市民，また市民と観光客との新しい交流が生まれている。
- 地域の課題解決に向けて，行政の施策代行者という意識で行政と問題意識を共有し，共同事業の企画立案・実施まで一気通貫的に取り組んでいる。

---

(2)　考　察

　以上を踏まえて，本事業から得られる示唆および学びを整理する。まず，本書の第５章で示した「PPP事業の持続可能性を支える７つの要素」について確認を行う。

①　地域の理解と支援

　これまでも随所で述べてきたように，同施設は「長井市のシンボル」として地域（企業および市民）からの強い支援が得られている。そのことは，耐震補強工事に際して多くの寄付金が得られたこと，供用開始後の利用者数やアン

5　総務省『地方公共団体における行政改革の取組（令和２年３月27日公表）』。

6　旧長井小学校第一校舎によると，正確な利用者数（延べ来館者数）は，72,744人（令和元年度），62,152人（令和２年度），62,595人（令和３年度）とのことである。

ケート調査結果などから容易に読み取ることができる。

②　財務のサステナビリティ

　指定管理者の財務状況は健全である。指定管理者の年間収入は約4,600万円で，そのうち約9割が長井市が支払う委託料（指定管理料），残りの約1割が諸室の利用料・講座参加料などによる収入となっている。過去3年度において収支は黒字となっている。

③　財政のサステナビリティ

　上述のとおり，長井市は指定管理者に一定の指定管理料を支払っているが，今後も指定管理者制度に基づき当該収入が見込まれる。

④　機能のサステナビリティ

　本事業は，まさに国登録有形文化財の保存を重要な要素とするものである。耐震補強工事（免震化）や防火設備の設置など，本事業を通じて施設の物理的サステナビリティは飛躍的に向上したものと考えられる。

⑤　技術のサステナビリティ

　施設供用開始に先立てて免震化の工事が行われたが，運営自体においては特殊技術は必要とされていない。他方，運営ノウハウ等については，属人的なものとならないよう，組織的またはシステマチックな運用が意識されているとのことである。

⑥　環境のサステナビリティ

　施設自体は従前より存在したものであり，環境的な影響は基本的にないと考えられる。

⑦　再現性

　長井市は，市庁舎を移転し，フラワー線長井駅と一体となった施設として令和4年に開庁した。その施設に隣接する区画を利用して，民間活用を通じた図書館や子育て施設の運営を計画している。旧長井小学校第一校舎で培った経験やノウハウを活かす形で，持続可能な公民連携モデルの再現が期待される。

　最後に，指定管理者に対するインタビューおよび筆者自身の分析に基づく，本事業からの「学び」について整理する。

本事業からの「学び」

 地域の理解と支援

　長井市およびその周辺地域では，旧長井小学校第一校舎のみならず，地域の歴史，文化，有形資産等を大切にすることに対する意識が強いとのことである。このため，事業の必要性や意義に対する市民や企業の理解や支援が得られやすかったと考えられる。

外部リソースの活用

　PPPに関する幅広い知見や経験を有するコンサルタントを利用し合理的な計画を立てるとともに，計画段階における民間事業者との密な対話を実施したことが功を奏した。また，内閣府の交付金等の財政面の支援もうまく活用されていた。

公民間のコミュニケーション

　市では総合政策課が直接に事業を所管し，事業を強力にリードした。運営開始後も指定管理者と密なコミュニケーションを取っている。他方，運営計画の詳細について介入することは基本的にせず，指定管理者の発想や創意工夫に委ねている。

2 ▌ オガールプロジェクト（岩手県紫波町）

(1)　事業概要

　公有用地を有効活用したまちづくりPPPのショーケースとして，岩手県紫波町の「オガールプロジェクト」を紹介する[7]。

　オガールとは，オガールプロジェクトの対象となっているエリア一体を指す。同エリアは，現在，8種の飲食店や7つの販売店のほかに，3つのクリニック，2つの体育館，ホテル，図書館，町役場，サッカー場，スポーツジム，美容院，複数のレンタルスペース，様々なサービス業などの入った複合的な施設等から構成される。民間主導により町の遊休資産を持続可能な地域拠点に転換させたPPPの好事例といえる。

図表6-6　オガールの街並み

出所：筆者撮影

　岩手県紫波町は，盛岡市の南方18km（電車で約20分）に所在する人口3.3万人台の都市である（図表6-7参照）。1990年代に，岩手県住宅供給公社がJR

7　オガールとは，「成長」を意味する紫波の方言「おがる」と，「駅」を意味するフランス語「Gare」（ガール）を掛け合わせた造語とのことである。ちなみに，「おがる」という方言は，筆者の出身地である秋田県の湯沢・雄勝地方でも用いられている。

図表6－7 紫波町の位置

出所：Map-It マップイット（c）

紫波中央駅周辺の区画整理を実施した際に，10.7ヘクタールもの更地が生じ，それを紫波町が買い取ることとなった。しかし，土地は有効活用させずに，遊休資産として事実上放置されるという状態が続いていた。必然的に，その資産の価値も下落する一方であった。

　紫波町は，そうした状況を打破して都市整備を図るため，町民や民間企業の意見を伺い，2009年に「紫波町公民連携基本計画―公共施設整備と町有地の有効活用―」を策定した[8]。この過程において，紫波町は，2年間に100回にわたる住民との意見交換と，40社への意向調査を実施したとのことである[9]。この基本計画に基づき，同年より紫波中央駅前都市整備事業，いわゆる「オガールプ

8　オガールプロジェクトでは，PPPは「公民連携」と称される。
9　紫波町『紫波町新庁舎整備事業（PFI）の概要』（平成29年11月17日 内閣府経済・財政一体改革推進委員会第4回 評価・分析ワーキング・グループ資料）による。なお，100回の意見交換の中には，①合意形成（紫波町PPP推進協議会），②市民の意向調査等と市民参画の促進（地区コミュニティ，目的コミュニティ，常設の意見交換の場），③民間事業者の意向調査（ヒアリング調査，常設の意見交換の場，アンケート調査（リサーチ会社），企業向けシンポジウムの開催），④プロジェクトのウェブサイト開設が含まれる。

ロジェクト」が始まっている。

　まずここで，現在のオガールプロジェクトの全容を，施設ベースでみてみる。

図表6-8 オガールの全体マップ

出所：オガールウェブサイト（https://ogal.info/）

　オガールプロジェクトの対象エリアは，JR紫波中央駅より西方に徒歩3分程度のところにある広大な区画である。駅から歩いていくと，まずオガールプラザ（紫波町情報交流館）が目に留まる。また，広場を挟んでその正面にはオガールベース（ビジネスホテル事業，アリーナ事業，スポーツアカデミー事業を展開する店舗・オフィス系テナントが入居する民間複合施設）がある。オガールベースの並びには紫波町役場の庁舎があり，またその正面には，保育所，エネルギーセンター，オガールセンター（民間商業施設）が並んでいる。また，それらを囲むように，フットボールセンター，サン・ビレッジ紫波（多目的スポーツ施設），オガールタウン（分譲住宅エリア）が整備されている[10]。

　こうした施設の整備は，上記基本計画に基づいて段階的に進められてきたものである。その経緯を図表6-9に整理した。

図表6-9　オガールプロジェクトの系譜

平成19年4月：	公民連携の推進に関する学校法人東洋大学と紫波町との協定書締結
8月：	紫波町PPP可能性調査報告書（東洋大学大学院経済学研究科公民連携専攻（PPPスクール）作成）
平成21年2月：	紫波町公民連携基本計画策定
3月：	都市再生整備事業（紫波中央駅前地区）策定
6月：	オガール紫波株式会社設立
6月：	紫波町オガール・デザイン会議設置
平成22年3月：	オガール・デザインガイドライン策定
平成23年4月：	岩手県フットボールセンター　開場
平成24年6月：	官民複合施設オガールプラザ　オープン
8月：	紫波町図書館　開館（オガールプラザ内）
平成25年10月：	オガールタウン日詰二十一区　宅地分譲開始
平成26年6月：	エネルギーステーション　完成
7月：	民間複合施設オガールベース　オープン
平成27年5月：	紫波町役場新庁舎　開庁
平成28年12月：	民間複合施設オガールセンター　オープン
平成29年4月：	オガール保育園　開所

出所：オガールプロジェクト・ウェブサイト（https://ogal.info/project/about.php）

　オガールプロジェクトの主たるPPPの手法としては，「公有地活用」が用いられた[11]。紫波町は，同プロジェクトを実施するために，庁内に横断的組織で

10　本書では詳述はしないが，実際に現地に行って目を見張るのは，整然として落ち着いたオガールタウンの街並みである。岩手県が定めた「オガールタウン景観協定」に基づき，市は「紫波型環境循環住宅」を設計思想として，日本初の本格的エコタウンを整備した。こうした循環型経済の取組みの試みも，県の内外で注目されているところである。

11　複数の施設のうち，町の新庁舎整備については，PFI（サービス購入型）が用いられた。同事業では，2012年に民間事業者が選定され，3年後の2015年に開庁が実現した。

図表6-10　オガールプラザの事業スキーム

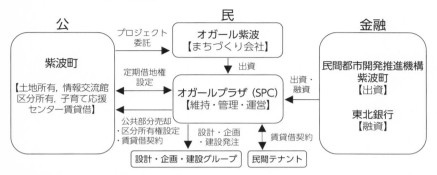

出所：内閣府／国土交通省資料（https://www5.cao.go.jp/keizai-shimon/kaigi/special/reform/wg5/290301/sankou4-2.pdf）

ある公民連携室を設置し，事業の企画・全体調整とPPPに関わる先導的事業を実施した。

　他方，本プロジェクトの特徴は，一般的にある「公共主導」ではなく，文字どおり「民間主導」で進められた点にある。本プロジェクトの実質的な「指揮官」として，地元事業者と紫波町が共同出資の形で「オガール紫波株式会社」を設立し，同社がエリア全体のデザインガイドライン策定など，市場調査や計画，開発，運営を一体で推進した。結果として，民間の創意工夫を最大限に活用した，補助金に頼らないまちづくりを実現することが可能になった。

　オガールは，「都市と農村の暮らしを「愉しみ」，環境や景観に配慮したまちづくりを表現する場にすること」を理念にしている。そうした理念に基づき各種の施設整備やサービス提供が成功裡に進められている。内閣官房資料等によると，来訪者数および雇用創出効果の観点からも，十分な成果を上げているとされる[12]。

12　内閣官房まち・ひと・しごと創生本部事務局内閣府地方創生推進事務局『地方創生事例集』

　オガールプロジェクトでさらに注目すべきは，そうした成功体験の持続可能性を担保するとともに，その「再現」を意識的に進めている点にある。例えば，オガールでは，外部からの研修視察を積極的に受け入れている。また，2018年より「地方創生実践塾in岩手県紫波町」と称する学びの場を設け，オガールプロジェクトの経験の共有や再現を図っている。さらには，UNECEが開催する国際フォーラムにおいてその経験を発表するなど，国際的な情報発信も行っている。

(2) 考　察

　以上を踏まえて，本事業から得られる示唆および学びを整理する。まず，本書の第5章で示した「PPP事業の持続可能性を支える7つの要素」について確認を行う。

①　地域の理解と支援

　オガールプロジェクトは，町が策定した「紫波町公民連携基本計画」に基づくが，その策定の過程においては，地域住民や民間企業等の密なコミュニケーションが取られた。また，実質的にオガールの運営を委ねられたオガール紫波株式会社も，施設整備（投資）に先立って民間企業等との密なコミュニケーションを取ったうえで，施設計画を行った。そうした地元の住民や企業との密なコミュニケーションは，現在も継続されている。結果として，地域の理解と支援も十分に得られていると考えられる。

②　財務のサステナビリティ

　オガール紫波株式会社の経営状況については，紫波町のウェブサイトにおいて具体的な財務諸表が示されている[13]。同資料によると，2009年の設立以来，継続して黒字を記録している。2020～2021年はコロナ禍の影響により総収入は

13　https://www.town.shiwa.iwate.jp/soshiki/4/2/1_1/777.html

減少したものの，当期損益はプラスであり経営に致命的な影響を与えるまでには至っていない。個別の事業やテナントの収益事業については確認できないが，少なくともエージェントとしてのオガール紫波株式会社の財務状況は健全な状態にあるということができる。

③　財政のサステナビリティ

　本プロジェクトは民間主導による公有地活用の手法を取っているため，町の財政支出は限定的なものとなっている[14]。他方，資産価値の向上により，整備地区周辺の地価低下に歯止めをかけている。施設整備については，一部，国土交通省の社会資本整備総合交付金（旧まちづくり交付金事業）を活用したが，基本コンセプトとしては，民間活用を通じた「補助金に頼らないまちづくり」を採用している。町全体の財務状況はさておき，少なくとも，本プロジェクトに関しては町の財政的な持続可能性は保たれているということができる。

④　機能のサステナビリティ

　災害対策等については何か特殊なものがあるわけではないが，東日本大震災の経験を踏まえ，施設には十分な防災配慮や対策が施されている。例えば，役場庁舎は，防災拠点としての機能を備える。オガールセンターについては，必要な防災性をRC壁式構造のメインボリュームで充足している。また，オガールベースについては，基礎から２階の途中まで鉄筋コンクリートの耐震壁を立ち上げることにより，上部および下部とも強度が増している。多くの建物が二階建てであり，震災に比較的強く，かつ避難もしやすい構造となっている。

⑤　技術のサステナビリティ

　プロジェクトの実施において，何か特殊な技術が用いられているわけではないが，地域産材の利用，木質系材料の活用，使用木材量の低減，流通建材の活

14　例えば，オガール紫波株式会社に対する設立出資金は，390万円となっている。その後，同社に対する公的資金の投入は行われていない。

用など，循環型経済を意識した設計・建設が行われている。また，エネルギーステーションでは，町内で生産された木質チップを主燃料として，ステーション内のボイラーで温水を作るとともに有機ランキンサイクル発電機を使って発電，蓄電，および温水による給湯，冷暖房が行われている。また，温水は，商業施設等が入る民間事業者棟や住宅，庁舎に，地下に埋設された配管を通じて送られ，活用されている。

⑥　環境のサステナビリティ

オガールプロジェクトの対象エリアは，もともと町の遊休資産（更地）であったため，開発に際しての環境影響は基本的になかったと考えられる。また，その前提として，町は2001年には「紫波町循環型まちづくり条例」を制定するとともに，「紫波町環境・循環基本計画」が策定されている。オガールプロジェクトも同計画に則るものであり，その意味で環境面の持続可能性は十分に担保されていると考えられる。

⑦　再現性

実は紫波町はオガールプロジェクトの開始以前からPPP/PFIについて積極的に取り組んでいた。その意味で，オガールプロジェクト自体がそれらの経験の再現ということができる[15]。また，オガールプロジェクト自体についても，前述のように，外部からの研修視察の積極的な受入れ，「地方創生実践塾in岩手県紫波町」の実施，国際フォーラムでの発表など，積極的な情報発信と経験の共有を行っている。このように，プロジェクトの経験の再現を積極的に図っている点が，本プロジェクトの大きな特徴の１つといえる。

最後に，筆者自身の情報収集と分析に基づく，本事業からの「学び」につい

15　それらのPPP/PFI事業としては，町管理型浄化槽整備PFI事業（2005年～），紫波火葬場整備PFI事業（2006年～），水道施設整備・維持管理DBO事業（2007年・2012年～）を挙げることができる。

て整理する。

本事業からの「学び」

PPPの経験・ノウハウの蓄積

　紫波町はオガールプロジェクトを開始する以前からPPPを活用しており，その有効活用に関する経験やノウハウが町内に蓄積されていたと考えられる。言い方を変えると，PPP活用のDNAが根付いており，過去の経験を「発展的に再現」したことが，オガールプロジェクトの成功の背景にあったと考えられる。

民間主導のプランニング

　オガールプロジェクトの事業計画は民間主導で実施された。その結果，テナント企業が内定しており事業施設の容積設定や設計がされるなど，従来の公共事業手法ではありえない発想や方法が生み出された。中途半端に公共が介入せず，思い切って民間に任せたことが結果的に功を奏したといえる。

有識者の活用と先行事例の研究

　プロジェクトの計画段階では東洋大学のPPPスクールの専門家が関与し，町や関係者を支援した。また，その際には，米国や英国の先行事例に関する調査・研究も行われた。このように，客観的な立場にある専門家を適切に活用，また，その過程における先行事例の研究を通じて，現実的で持続可能な事業計画を策定することができたと考えられる。

地元企業による投資と運営

　最後に，オガールプロジェクトで特徴的な点として，東京などのいわゆる大企業が基本的に参画しておらず，地場企業や県内企業による投資と事業運営がなされているという点が挙げられる[16]。このことは，PPPは，必ずしも大都市や大手企業だけのものではなく，地方部の都市や企業においても十分に活用可能であることを示している。PPPの持続可能性の担保という観点からも，大企業に頼らない地元完結型のこのモデルは特筆に値する。

---

[16]　正確には，オガールベース等のテナントとして一部全国展開する企業等が入っている。また，資金調達の観点からは，いわゆる地場企業以外の企業等も含まれている。

3 ▌妙高グリーンエナジー（新潟県妙高市）[17]

(1)　事業概要

　妙高市では，市内に設立された「妙高グリーンエナジー株式会社（以下「MGE社」と称する)」が，市に代わってガス事業と上下水道事業の一体的な運営を行っている。ガス事業と上下水道事業という，これまで公的機関が中心に担ってきた事業分野において，民間企業が一元的かつ複合的なサービスを提供する日本初のPPP事業である[18]。地方自治体における技術者の減少が懸念される我が国にあって，注目すべきモデルの1つである。

図表6−11　妙高市の位置

出所：Map-It マップイット（c）

17　本事例の執筆にあたって，MGE社の赤澤修一代表取締役社長，赤城誠様，曽我智夫様，ならびにJFEエンジニアリング株式会社の小山佐和子様および高橋元様より，施設視察，インタビュー，情報提供等の大きなサポートを得た。この場を借りてお礼を申し上げたい。
18　MGE社資料による。

　妙高市（以下「市」と称する）は，新潟県の南西部に位置する人口約3万人の市である。妙高山，火打山など3つの百名山および標高2千メートル級の山々に囲まれる山岳地帯と高田平野に位置する。市は，2005年度に，当時の新井市，妙高高原町，妙高村が合併する形で生まれて，現在に至っている。これまで市が実施してきたガス事業，水道事業および下水道事業の3つの公営事業における需要家数は，以下のとおりである[19]。

- ガス事業：7,143件
- 水道事業（簡易水道を含む）：13,083件
- 下水道事業：9,740件

　市では，財政面および職員減少の状況を踏まえ，2019年より各事業のあり方の検討に着手した。そして，約1年強の検討期間を経て，2020年2月に，ガス事業の譲渡および上下水道事業の民間企業への包括委託を実施する旨の検討結果を議会に報告した[20]。2020〜2021年に事業者の公募が行われ，JFEエンジニアリング株式会社を代表とするグループが選定され，上記事業に関する基本協定が締結された。2021年には，当該事業を実施するための「妙高グリーンエナ

| 図表6−12 | MGE社が運営するガス事業（左）と水道事業（右）の現場写真 |

出所：筆者撮影

19　2020年度データ（MGE社提供資料より）
20　市による検討結果の詳細については，『ガス上下水道事業のあり方検討報告書（令和2年2月）』を参照のこと。

ジー株式会社が設立され，2022年4月より事業運営が開始されている。

　当該事業の基本的な枠組みは，図表6−13に示すとおりである。事業は大きくガス事業，水道事業（水道および簡易水道），下水道事業（公共下水道および農業集落排水）より構成される。このうちガス事業は市から譲渡，水道事業と下水道事業は市からの包括委託の形を取っている。水道事業と下水道事業の委託期間は10年となっている。業務範囲，資産保有，料金改定については，市とMGE社の間で明確な役割分担が設定されている。

図表6−13　MGE社事業の基本的な枠組み

項目	ガス事業	水道事業	下水道事業
事業者名	妙高グリーンエナジー株式会社（出資者：JFEエンジニアリング株式会社（51%），北陸瓦斯株式会社（44%），株式会社INPEX（5%））		
委託期間	譲渡（無期）	10年間の包括委託 水道法上の第三者委託	10年間の包括委託
業務範囲	事業のすべて	・運転管理 ・保守点検 ・設備修繕 ・薬品・電力等調達 ・料金徴収 ・漏水修繕対応（漏水工事は市が発注）	・運転管理 ・保守点検 ・設備修繕 ・薬品・電力等調達 ・使用料徴収 ・管渠管理（更新等は業務範囲外）
資産	すべて民間に譲渡	市が保有 更新工事も当面は市が実施	同左
料金改定	民間の裁量（ただし3年間は値上げしない条件）	市が決定	同左

出所：MGE社提供資料に基づき筆者作成

　また，業務の移行イメージは，図表6−14に示すとおりである。まず，ガス事業については，事業譲渡であるため，関連する業務はすべてMGE社が実施することとなっている。また，上下水道事業については，市が実施する業務，MGE社が実施する業務および支援業務（市が実施する業務であるが，MGE社

が適宜支援するもの）に分類されている。ただし，その分担については今後適宜見直しを行い，必要に応じてより多くの業務をMGE社に移管していくことも考えているとのことである。

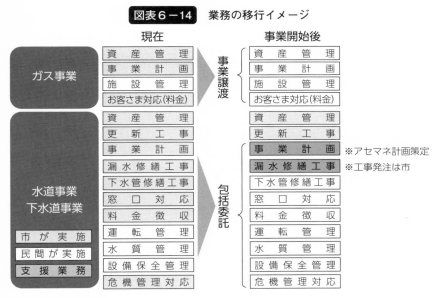

図表6－14　業務の移行イメージ

出所：MGE社提供資料

　MGE社は，本事業の運営方針として，図表6－15に示す3点を挙げている。この中でも，特に，地元企業との共存共栄や，雇用確保・活性化を強調している点が印象的である。また，それらを通じて，「地域のユーティリティ・コーディネーター」を目指すとしている。

図表6－15　MGE社の運営方針

地域	地域に根ざした運営
	地元企業との共存共栄，雇用確保・活性化
安定	安心・安全なライフライン
	ガス・上下水の一体運営，安定した財務基盤
創成	顧客拡大・新規事業の創生
	新規顧客の獲得，電気事業等の新規事業

出所：MGE社提供資料

　また，MGE社は，事業を通じたSDGs達成についても強く意識している。同社は，SDGsの理念に沿った取組みとして，図表6－16の4つの目標を掲げて事業活動を行うとしている[21]。

図表6－16　MGE社によるSDGsの理念に沿った取組み

目標	活動内容	関連するSDGsゴール
住み心地のよいまちづくり	お客様の利便性向上 お客様への積極的な情報発信 ガス料金の透明性と安全性確保	ゴール6：水・衛生 ゴール11：都市
市民の安心・安全を最優先	持続可能な生活インフラ整備 地域防災への取組み コンプライアンス順守	ゴール11：都市 ゴール13：気候変動
活気あふれる地域発展	地元企業との共存共栄 技能交流会等による人材育成 雇用機会創出	ゴール8：経済成長と雇用 ゴール9：インフラ等
美しい妙高の自然をいつまでも	天然ガス利用促進 再生可能エネルギー事業推進 二酸化炭素排出量削減	ゴール7：エネルギー ゴール15：陸上資源

出所：MGE社提供資料

21　第5章では，SDGsの達成に向けて高い貢献寄与が見込まれるビジネス領域として5つの領域を挙げたが，本事業は，そのうち4つ（ゴール6，ゴール7，ゴール9，ゴール11）に直接的な手当てができていると考えられる。

　本事業に関連して，妙高市とMGE社は2022年3月に「脱炭素社会の実現に向けた連携協定」を締結している。これは，両者が連携協力し，妙高の豊富な資源などを最大限に活用しながら，脱炭素社会の実現に向けたエネルギー分野での取組みを行うものである。また，妙高市とMGE社は，同じく2022年3月に，アーバンエナジー株式会社との間で「電力の地産地消に関する連携協定」を締結している。これは，上記連携協定の枠組みにおける具体的な取組みの1つとして電力の地産地消を位置付け，地域資源を活用した再生可能エネルギー電力を使用する取組みを推進するものである。

　最後に，MGE社への最大出資者であるJFEエンジニアリング株式会社は，中長期における5つの取組み分野の1つとして，「複合ユーティリティサービス」を位置付け，地域課題に即した多様なサービス提供を行っていくとしている[22]。事実，同社は，妙高市での事業に加えて，新潟市（新潟スワンエナジー）や熊本市（スマートエナジー熊本）などでユーティリティ事業の横展開を図っている。こうした取組みは，同社の事例に限らず，他の地域や企業においても増加傾向にあり，高い潜在的ニーズがあると考えられる。

(2)　考　察

　以上を踏まえて，本事業から得られる示唆および学びを整理する。まず，本書の第5章で示した「PPP事業の持続可能性を支える7つの要素」について確認を行う。

①　地域の理解と支援

　本事業はもともと妙高市による一体的な運営がなされてきたものであるが，2019〜2020年にわたって実施された検討結果の報告においては，特に大きな障害となる反対意見等はなかったとのことである。むしろ，人口減少の進行およ

22　この取組みには，ユーティリティ供給事業のほか，サービスメニューの拡大や複合化（上下水，電力，ガス，廃棄物等）が含まれる。

び市職員の減少が予想される中にあって，本事業（ガス事業の譲渡と上下水道事業の包括的委託）を実施することにより，市のサービスが継続的に実施されることに対する期待が多く見られた。事業が開始された現在にあっても，特に地域の理解や支援という観点から問題は発生しておらず，順調な滑り出しを見せているといえる。

②　財務のサステナビリティ

　MGE社が設立されたのが2021年8月，運営が開始されたのが2022年4月なので，まだMGE社の財務面の状況については直接に確認できる材料はない。ただし，MGE社へのインタビューによると，ガス事業についてはもともと経営状況は安定的であり，また上下水道事業についても業務委託であり事業収支の変動リスクは低いことから，市に提出した事業収支計画から基本的な乖離はない見込みとの情報が得られている。

③　財政のサステナビリティ

　本事業では，まさにこの財政のサステナビリティがポイントの1つである。市からMGE社へのガス事業の譲渡額は2億円，上下水道事業の委託額は年間7.8億円とされている[23]。当然のことながら，ガス事業に関しては市の財政負担は一切なくなった。また，上下水道事業については，従前の負担額と委託開始後の負担額を単純比較することは難しいが，市が公表している事業者選定時の資料によると，市が実施する場合に比べて，より効率的な施設維持管理が期待されるとある[24]。このように，本事業の実施により，市の財政に対しては大きな正のインパクトがあったと考えられる。

23　GME社提供資料による。
24　妙高市ガス事業譲渡及び上下水道事業包括的民間委託事業者選定委員会（2021）『妙高市ガス事業譲渡及び上下水道事業包括的民間委託審査講評』による。

④　機能のサステナビリティ

　MGE社は，その運営方針の１つに，「安心・安全なライフライン」を挙げている。当然のことながら，それを実現するためには適切な施設の維持管理・運転が必須事項であり，同社もそのことは最重要視していることがうかがえる。先に言及したSDGsの理念への合致性という観点でも，「持続可能な生活インフラ整備」や「地域防災への取組み」を挙げている。事業運営は開始されたばかりであり，真に本事業が機能的に持続可能であるかは今後の検証を待たなければならないが，それを担保するための心構えや手当ては十分と見受けられる。

⑤　技術のサステナビリティ

　第３章のコラム３で述べたとおり，PPPは，地方自治体で顕在化しつつある技術者（有資格者を含む）の減少問題への対策の１つとして期待されている。本事業は，まさにPPPを活用したソリューションの好事例といえる。実際，市が本事業導入に際して行った検討報告書では「今後は，職員の高齢化をはじめ，退職や人事異動に対応した人員の補充，技術の継承が困難になることが懸念される」と記されている[25]。こうしたことから，技術者の確保や技術の継承の問題に対する手当てとして本事業が実施されたという背景および必然性がよく理解できる[26]。

⑥　環境のサステナビリティ

　本事業は新規の施設整備は伴わない。したがって，新たな事業用地の買収や造成はない。その意味で，本事業の実施自体による環境的なマイナス影響は基本的にないと考えられる。一方で，MGE社は，市に対して天然ガス利用促進，再エネ事業推進，CO_2排出量削減の事業活動を行うとしている。さらに，将来的には，市の複合ユーティリティ事業者として，廃棄物処理のリサイクル，廃

---

[25]　妙高市（2021）『ガス上下水道事業のあり方検討報告書』
[26]　また，このモデルが持続可能であることが証明されれば，市が行った判断は英断であったと評価されることになろう。

棄物発電，間伐材利用も視野に入れている。このように，民間活力を導入することにより，環境に対するプロアクティブな取組みが見られる。

⑦ 再現性

MGE社によると，まずはこの妙高市における複合ユーティリティモデルを成功裏に実施し，そのうえで他の自治体や地域へ横展開を図っていくことも検討しているとのことである。前述のように，同社の主要株主であるJFEエンジニアリング株式会社は，複合ユーティリティサービス事業を今後の主要ビジネスの1つとして位置付けており，まさに「妙高市モデル」の再現がそのアプローチの1つになるものと考えられる。こうしたモデルの再現は，他の地方自治体や企業によっても可能であると考えられ，その有効活用の拡大が今後期待される。

最後に，筆者自身の情報収集と分析に基づく，本事業からの「学び」について整理する。

本事業からの「学び」

 妙高市によるPPP導入の判断

　ガス事業の譲渡と上下水道事業の包括委託を1つのパッケージとして事業者を募るという方法は我が国では初めてであり，それを可能にした妙高市の行政および議会の判断力および決断力は注目に値する。また，わずか数年のうちに導入検討，事業者公募，運営開始まで実現したことの実行力も高く評価される。この事例からは，公的機関による判断および事業実現のためのイニシアチブがいかに重要であるかを学ぶことができる。

ユーティリティ機能の複合化

　MGE社へのインタビューによると，本事業はガス事業と上下水道事業が複合化されているところに民間ビジネスとしてのポイントがあるとのことである。例えば，複合化されているがゆえに，事業規模の確保（スケールメリット），

自助努力と工夫による収益向上余地の確保，効率的な組織体制と職員配置などが可能になったとされる。このことは，特に人口規模が小さい自治体でも，知恵を働かせて事業の複合化（もしくはバンドリング）ができれば，民間活用を通じて公共サービスの提供を継続できる可能性を示唆するものである。

地元企業の事業参加

　本事業にはMGE社の株主の1社として北陸瓦斯株式会社が参加している。また，施設管理や修繕工事等の業務においては，地元企業が積極的に活用されている。このように，地域における重要な公共サービスの提供にあたって，地元企業の理解や参加を得ることは，事業を実現する，あるいは安定的にサービス提供を継続するうえで非常に重要な要素と考える。大手企業と地元企業の共存共栄，まさにその観点からも参考となる事例の1つといえる。

民間に蓄積される経験とノウハウ

　この事業が示唆する最後のポイントは，ユーティリティサービスに関する経験やノウハウが民間に移譲，蓄積されつつあるという点である。これまで，特に上下水道事業については，公的機関が実施してきたため，民間企業が水道事業者の視点を持って事業に参画する機会は限られていた。しかし，地方自治体における技術者の減少および民間活用の増加を背景として，民間側に上下水道事業の経験やノウハウが蓄積されつつある。これは，今後の我が国における水道事業の持続可能性を支える1つの鍵になりうると考えられる。

4 ▎カラガ地域総合経済開発プロジェクト（フィリピン国）[27]

(1)　事業概要

　事例紹介の4件目として，本邦企業が海外のPPP事業に取り組んでいる事例を紹介する。その事例は，株式会社長大（以下「長大」と称する）が中心になって取り組む「カラガ地域総合経済開発プロジェクト」である。

　このプロジェクトは，フィリピン共和国南部ミンダナオ島（Mindanao）の北東部にあるブトゥアン市（Butuan City）を中心都市とするカラガ地域で，2011年より，現地の建設会社らのパートナーと複数の事業展開を行っているものである。電力（再エネ）や水道といった基礎インフラ整備や工業団地開発等の複数の事業を並行して連続的に展開することにより，雇用創出や産業育成を通じた地域経済開発を目指している。

　ミンダナオ島は，フィリピンの南部に位置する島である。40年以上にわたる南西部の紛争の影響もあり，基礎的社会サービスやインフラの不足などの課題を抱えており，成長著しいフィリピンの中でも，貧困率が最も高い地域の1つとなっている。2016年に同島ダバオ市を地盤とするロドリゴ・ロア・ドゥテルテ氏（Rodrigo Roa Duterte）が大統領に就任し，ミンダナオの開発政策も積極的に進められてきたが，まだ地域の社会経済が大きく改善するまでには至っていない状況にある[28]。

27　本事例の執筆にあたって，株式会社長大の宗広裕司氏および加藤聡氏，現地法人の長大フィリピンの社長である大浦雅幸氏より，インタビュー，情報提供，原稿確認等の大きなサポートを得た。この場を借りてお礼を申し上げたい。

28　なお，大統領の任期は6年で再選が禁止されているため，2022年5月にフィリピン大統領選挙が実施され，同6月にフェルディナンド・マルコス（Ferdinand Marcos）氏が新たな大統領に就任した。

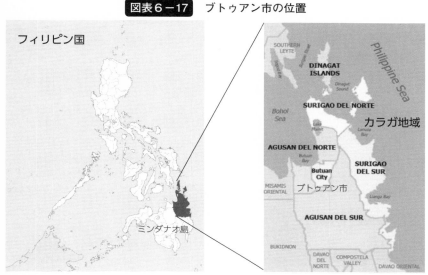

図表6-17　ブトゥアン市の位置

出所：Googleマップなどを基に筆者作成

　そうした背景の下で進められている本プロジェクトは，非常に多岐にわたる内容となっている。複数のプロジェクト群を束ねる基本構想は，「基礎インフラの整備」，「地域基幹産業の一次産品の安定供給」，「工業団地の開発・運営」の3段階から構成され，それぞれ，事業，現状／課題，課題解決のための事業が紐付いている。図表6-18は，その全体構想を示したものである。

　この構想の下，長大は，アンソリシティド方式をベースとする複数のPPP等の事業に取り組んでいる。もともと長大は建設コンサルタント会社であり，インフラ関連事業の計画や設計に強みを有する会社である。しかし，本プロジェクトにおいては，個別プロジェクトのプランニングのみならず，出資，資金調達，および事業運営にまで参画している。

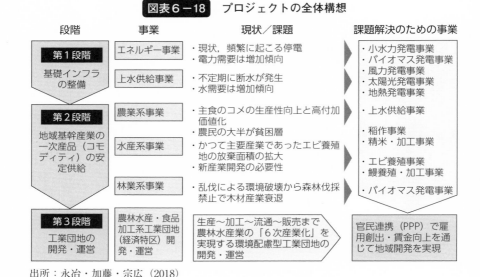

図表6−18　プロジェクトの全体構想

出所：永冶・加藤・宗広（2018）

長大が具体的に関与している事業は図表6−19に示すとおりである。電力や用水供給といったインフラ分野にとどまらず，農業・水産系の事業や工業団地の開発・運営事業と多岐にわたっていることがわかる。

図表6−19　長大が展開する事業（2022年7月現在）

事業名	概　　要
①アシガ川小水力発電事業★◎	• 総出力8MW（運転開始済み） • 日系メーカーの水車発電機を導入 • JBICのツーステップローンを活用
②タギボ川小水力発電事業★	• 総出力4MW（予定） • 計画段階においてJBIC支援を受けてF/S実施 • 2025年頃の運転開始を目指す

③ワワ川小水力発電事業★	・総出力10MW（予定） ・経済産業省支援により，プレF/S実施，その後にJICA支援を受けてF/S実施 ・2026年頃の運転開始を目指す
④上水供給事業★◎	・4.5万㎥／日で運営中（将来8万㎥／日まで拡張予定） ・浄水能力拡張において経済産業省F/Sを実施
⑤エビ養殖事業★	・日系企業のバイオ技術適用を含めた事業計画の検討中 ・JICA案件化調査を実施
⑥鰻養殖事業★◎	・事業実施中（年間2万トンの生産体制構築） ・日系企業の飼料，加工ライン等を活用，日本の養鰻業者との人材交流を予定
⑦稲作・精米事業★◎	・事業実施中（年間2万トンの精米体制構築） ・日本製高性能の精米機導入，将来的に拡張を目指す
⑧バイオマス発電事業★	・経済産業省プレF/Sおよび補助事業調査を実施済み ・2025年頃の運転開始を目指す
⑨風力発電事業★	・経済産業省支援により，プレF/Sおよび補助事業調査を実施済み ・2019年度JCM設備補助事業に採択（33MW：第1フェーズ）
⑩太陽光発電事業★	・民間独自のプレF/S調査実施済み，事業化準備中
⑪低炭素型工業団地開発事業★	・経済産業省支援により，団地内の水インフラのF/S実施

注：表中の★印は出資済み／決定案件，◎は運営開始済みの案件
出所：株式会社長大提供資料に基づき筆者作成

　本プロジェクトのはじまりは東洋大学のPPPスクール（東洋大学大学院経済学研究科公民連携専攻）の「PPPプロジェクト演習」の講義において，2011年に実施した「ブトゥアン市PPP可能性調査」である。その調査結果を受けて，長大と地場のゼネコンであるエクイパルコ社（Equi-Parco Construction Company）が2011年に始めた最初のビジネスが，アシガ川小水力発電事業で

ある[29]。これを足掛かりとして，2015年，長大は，エクイパルコ社，およびフィリピンに根を張るツインピーク・ハイドロ・リソーシス・コーポレーション社の３社との間で「ミンダナオ地域開発に向けた包括提携の覚書」をかわし，事業化の動きはさらに加速化かつ多様化することとなった[30]。

| 図表６−20 | 建設中のアシガ川小水力発電（左）と運営中の上水供給事業（右） |

出所：筆者撮影

　具体的な事業として長大がまず手掛けたのは，アシガ川小水力発電事業であった[31]。2012年12月に起工式が行われ，2019年４月についに竣工式を迎えることとなった。長大が初めてブトゥアン市を訪問してから，７年半の月日が流れていた。その間，様々な困難に直面したとのことであるが，それに挫折するどころか，タギボ川小水力発電，上水供給事業等と，それまで築いたリレーションと経験を活かして，積極的な横展開が図られた。結果として，単にイン

29　前述の長大の加藤聡氏と長大フィリピンの社長である大浦雅幸氏（当時は別会社に勤務）がともに，会社派遣で東洋大学PPPスクールに在学していた際に，本調査に参加していたことが，長大が本事業に関与する契機になっている。

30　本覚書は，長大，エクイパルコ社，およびツインピーク社の３社により締結されたものである。先行する小水力発電事業や上水供給事業，工業団地の開発事業に加えて，ブトゥアン市周辺で新たに農業系・水産系事業でも共同で取り組むことで合意したもので，ブトゥアン市周辺エリアにおける民間主導の一体的な開発促進を狙ったものである。

31　なお，本事業のファイナンスとして，JBICのツーステップローン（日本円換算で約22億円相当）が適用されている。

フラのみならず，農業，水産業，および工業団地といった多様な分野への事業投資を手掛けるようになった。

　長大が取り組むカラガ地域総合経済開発プロジェクトの特徴は，単に個別事業の収益を上げることではなく，「地域の発展」という大きな錦の御旗のもと，複数の事業を一体的に捉えて全体としての収益性にウェイトを置いたことにある。事実，同社は，「このブトゥアン市での取組みが成功のケーススタディとなれば，持続可能な民間主導型地域開発のモデルとして，ミンダナオの他の都市でも適用され，ミンダナオ全体の地域開発に寄与することが期待できる。あるいは，日本の地方創生においても参考となり，日本に逆輸入するようなビジネスモデルの可能性も有している。」と明言している[32]。こうした大きなビジョンが，長大によるマルチな展開の礎となっている。

　こうした取組みの貢献が認められ，同プロジェクトは，UNECE主催のもと，2021年4月に開催された第5回国際PPPフォーラム（5th UNECE International Public-Private Partnership Forum）において，"Build Back Better"[33]とSDGsに貢献するPPPの好事例（ショーケース）として，世界25か国から応募のあった66の事業の中で第2位のアウォードを獲得した。これは，プロジェクトに参画する企業が，地元企業とのパートナーシップを基礎として，地域の資源を最大限に活用しながら，低炭素な経済開発と地域の魅力を高める活動を継続的に実施していることが高く評価されたものである[34]。

(2)　考　察

　以上を踏まえて，本事業から得られる示唆または学びを整理する。まず，本

32　永冶・加藤・宗広（2018）P.51より引用。

33　"Build Back Better" とは，「より良き復興」とも訳されるが，災害等からの復興において，単に元通りにするのではなく，より環境負荷が少なく，サステナブルな復興を図るという考え方である。我が国における震災の文脈でもしばしば用いられるが，本記述においては特に世界的なCOVID-19の影響からの復興を念頭に置いている。

34　なお，長大の取組みは，UNECEが2017年に香港で開催された国際PPPフォーラムにおいても，世界のPPPベストプラクティス10選の1つとして選ばれている。

書の第5章で示した「PPP事業の持続可能性を支える7つの要素」について確認を行う。

①　地域の理解と支援

　本プロジェクトはカラガ地域における社会経済の発展を目指すものであり，雇用創出や産業開発を通じて地域に大きな裨益をもたらすことが期待されているものである。地場ゼネコンであるエクイパルコ社をはじめとして，地域の企業，市民の理解や支援は高いレベルで得られていると考えられる。

　なお，当時エクイパルコ社の社長であったロニー・ラグナダ氏は，2022年7月現在，ブトゥアン市の市長を務めている（2016年から現在3期目）。そもそもラグナダ氏の市長選への出馬は，民の効率的なマネジメント手法を官（市役所）に持ち込むことで，2011年から始まるカラガ地域総合経済開発プロジェクトの加速化を図るほか，PPPをはじめ民間主導による地域開発の動きを活発化させたいという狙いがあったという。

　そうした環境もあいまって，行政からの理解や非財政的なバックアップもしっかりと得られている状況にある。

②　財務のサステナビリティ

　長大が参加する個別事業の収益に関する情報は開示されておらず，その財務的サステナビリティを直接に確認することは難しい。ただし，カラガ地域総合経済開発プロジェクトは，開始から10年超を経ても，現地に根付いて事業を継続している事実があり，また同社の有価証券報告書等を確認する限り，当該プロジェクトをはじめとする海外のサービスプロバイダー事業は着実に遂行されているという記載がある。

　また，同社へのインタビューにおいても，同様の内容が確認された。以上のことから，同プロジェクトを構成する各事業，あるいは事業群としての同プロジェクト全体の財務的な持続可能性は十分に確保されているものと想定される。

③　財政のサステナビリティ

　ブトゥアン市の財政への影響については，具体的な情報は入手できていない。しかし，長大が展開しているプロジェクトは基本的にアンソリシティド方式のPPPもしくは純粋民間事業であり，上水供給や電力購入といったオフテイク契約に基づく支出以外の財政支出は基本的に発生していないという。その意味で，本プロジェクトは，ブトゥアン市にとっての財政的なインパクトも，十分にアフォーダブル（負担可能）な範囲にとどめられていると想定される。

④　機能のサステナビリティ

　水力発電および上水供給事業などのユーティリティ事業については，施設や機器の耐用年数を考慮した長期メンテナンス計画が策定されている。ただし，気候変動による不可抗力の発生（典型的には台風の頻度増加）も頻発しているため，それらには柔軟に対応し，必要に応じて事業施設の強化の手当ても行われている。さらに，それらの経験を通じて事業のリスクマネジメント力やノウハウがさらに蓄積されているという面も認められる。

⑤　技術のサステナビリティ

　水力発電および上水供給事業などのユーティリティ事業については，事業所在地の特徴等を踏まえつつ，いわゆる実証された技術（Proven Technology）といわれるオーソドックスな施設，設備機器および運営方法を採用している。また，運営に関する技術やノウハウも，日本人の専門家から現地スタッフへの移転（日本での研修を含む）が図られている。このようにして，技術の持続可能性の確保が図られている。

⑥　環境のサステナビリティ

　環境影響評価（EIA）については，日本の融資機関や現地政府の求めるプロセスおよび基準を満たした形で実施されているとのことである。また，実施されている各種事業についてはほとんど住民移転が発生しておらず，社会的な影

響もミニマムにとどめている。また，カーボン・ニュートラル推進を念頭に，事業内容はもちろんのこと，地産地消や再生可能エネルギーの活用等も意識的に推進されている。

⑦　再現性

　本プロジェクトは，１つの水力発電事業から始まっているが，その事業から得た経験やノウハウが他の事業に活かされ，それがどんどん横展開または拡大されてここまで成長したものである。すなわち，一義的には，プロジェクト内での成功体験の再現が図られているといえる。一方で，長大は，フィリピンでの経験を踏まえて，同様のモデルを他国に広げる試みも進めている[35]。加えて，同社はUNECEなどの国際的な場でも情報発信を行っており，事業の形成や進め方に関する情報の共有が図られている。同社の真似は決して容易にできるものではないが，この経験やアプローチから得られるものは多いと考える。

　最後に，長大に対するインタビューおよび筆者自身の分析に基づく，本事業からの「学び」について整理する。

本事業からの「学び」

-💡- コンソーシアム組成能力

　長大はいずれの事業も単独で実施することはなく，他社とのアライアンスの形成を通じて事業を実施している。自身が有する広いネットワークを保持しつつも，個々の事業については，その中から最も適切なパートナーとコンソーシアム組成を行っている。特に，地元を知り尽くした地場の企業と，必要とされる技術やノウハウを有する日本企業，さらには開発途上国においても投融資可能な投資企業や金融機関を巻き込む形での「座組」の形成力が非常に長けているといえる。そして，その中で，適切な役割とリスクの分担が実現されている

35　例えば，同社は，インドネシアやラオスにおいても地域開発事業や再エネ発電事業を形成する活動を精力的に進めている。

点が，事業の大きな成功要因の１つとなっていると考えられる。

アンソリシティド方式

　本プロジェクトに限っていえば，長大のプロジェクトは，民間がイニシアチブを取って公的機関に事業を提案するアンソリシティド方式を用いている。これにより，公共調達の煩雑さを回避するとともに，事業の計画および実施の両面において広い裁量の余地が確保されている。同時に，公的機関による財政負担も最小限にとどめるという効果が得られている。このことは，民間企業に対して，アンソリシティド方式による事業提案アプローチも時と場合によっては有効であることを示唆するものである[36]。

全員野球型の事業開発・実施

　最後に，長大の事業開発・実施は，社内関係者の「全員参加型」の形を取っている。すなわち，ある特定の人材の存在によって「たまたま」事業が形成され，うまくいっているのではなく，戦略的および中長期的な観点に立って，社内関係者の全員参加により組織的に取り組んでいるという点に注目する必要がある[37]。他方で，それを可能とする，経営のリーダーシップ，理解や支援が必要不可欠な要素であることも，同社関係者へのインタビューにおいて強調された点であった。

経験を踏まえたモデル再現

　長大が本プロジェクトにおいてはじめに着手したアシガ川小水力発電のモデルや経験は，次の水力発電事業で活かされ，さらに発電以外の事業への展開が行われている。また，他国にもそのモデルの展開を図っている。このような，１つの事業への投資や参画にとどまらず，その経験や教訓を生かしつつ，それを横展開の形で再現を図っていくというアプローチは，その国や地域，またはそのビジネス領域における経験値を高めて事業リスクを低減させ，持続可能性を確保する観点からも非常に重要かつ有効と考えられる。

36　もちろん，一般的にはアンソリシティドのアプローチを取ることに対するリスク（例えば需要リスクや公的機関の支援が得られないリスク）も存在するが，少なくとも本プロジェクトに限っていえば，そうしたリスクも適切に管理されているといえる。

37　京セラ名誉会長の稲盛和夫氏が全員参加型の経営を「アメーバ型経営」と呼んだが，長大の海外PPPの事業開発アプローチはまさにそれを実践しているようにも見える。アメーバ経営については，稲盛和夫（2010）『アメーバ経営』（日経ビジネス人文庫）等を参照のこと。

5 ▌ 大邱－釜山高速道路プロジェクト（韓国）[38]

(1)　事業概要

　事例紹介の5件目として，韓国の大邱－釜山高速道路プロジェクトを紹介する。本章では国内外の様々なPPP事例を見てきたが，PPPの基本形の1つである有料道路事業を取り上げることにより，改めてPPPの基本に立ち返ることとしたい[39]。結論から先にいうと，本事業からは，政府支援と需要予測の重要性について得られる示唆が大きい。

　本事業の名称は，Daegu-Busan Expressway Private Investment Projectである。本事業は，大邱市と釜山市を結ぶ全長82.05kmの高速道路の設計，建設，運営および維持管理を民間事業者が実施しているものである。大邱市は釜山市の北西100kmに位置する韓国第三の都市（人口約250万人）であり，嶺南内陸の経済・社会・文化の中枢である。一方，釜山市は朝鮮半島の南端に位置する韓国第二の都市（人口約345万人）である。本事業の位置を図表6－21に示す。

　本事業を実施する民間事業者は，New Daegu-Busan Expressway Co., Ltd.である。同社は，大手ディベロッパーの現代産業開発（Hyudai Development Co., Ltd.）等の8社が出資，設立した特別目的会社である。当該民間事業者は，2000年に韓国建設交通部との間でPPP事業契約を締結し，BTO方式によって事業を行っている。本事業は，道路の利用者から料金を収受して自らの収入として投資を回収するという，シンプルかつ典型的なコンセッション型PPP事業である。事業期間は35年で，そのうち建設期間が5年，運営期間が30年である。実際の全線開通は2006年であった。本事業のスキームを図表6－22に示す。

38　本セクションのうち，特に事業概要にかかる記述については，基本的に植野・佐々木（2003）に基づいている。なお，筆者は，本事業の融資金融機関に対するテクニカル・アドバイザーの一員として参画していた。

39　筆者の考えでは，PPPのもう1つの基本形はIPPであり，この2つはPPPの事業モデルの双璧といえる。

図表6－21　本事業の位置

韓国

中央高速道路（55号線）

大邱市

大邱－釜山高速道路

釜山市

出所：Wikipedia（Expressways in South Korea）に筆者加筆

図表6－22　本事業のスキーム

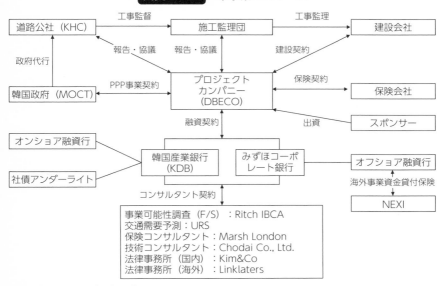

出所：植野・佐々木（2003）

　本事業に注目する1点目は，日本企業が融資のシンジケートに加わっていた点である。ファイナンス自体はプロジェクトファイナンス方式が用いられており，全体の幹事行は韓国産業銀行（Korean Development Bank：KDB）が務めた。KDBは，その他，プロジェクトカンパニーが発行する社債の引受け（アンダーライティング）を行った。一方，海外（オフショア）のポーションのとりまとめは，我が国のみずほコーポレート銀行が務めた。また，海外ポーションについては，日本貿易保険（NEXI）の海外事業資金貸付保険が付保された。

　本事業の初期投資，資金調達方法および資金調達条件を図表6-23に示す。大雑把にレート換算すると，当時のレートで初期投資額は約2,520億円，そのうち約28％を出資，約44％を負債（ローンおよびボンド），残る約28％を政府補助により調達した。

図表6-23　本プロジェクトの初期投資額，資金調達方法および資金調達条件

（単位：10億ウォン）

項　目	データ	備　考
初期投資額	2,520	うち建設費1,962
資金調達	出資：714（約28％） 負債：1,100（約44％） 政府補助：706（約28％）	負債は，国内融資，海外融資および社債から構成される。
融資返済期間	国内調達部分：16年 海外調達部分：15年	国内調達部分，海外調達部分とも返済猶予期間は5年で，返済方法は元金不均等返済。

注：2000年代初頭においては，1円は約0.1ウォン程度であった。
出所：植野・佐々木（2003）

　本事業の特徴は，初期投資額に対する政府補助（VGF）の提供に加え，プロジェクトカンパニーの予定収入に上限（超過分の返済義務）および下限（最低収入保証）が設定されている点である。本事業では，予定交通量は，政府とプロジェクトカンパニーが合意したものが用いられているが，予定収入の10％増の値を上限収入とし，実際の収入が上限収入を上回った場合は，政府が行う

財政補助への代替，通行料金の引下げ，事業期間の短縮，政府への返却のいずれかが選択される。一方，10％減の値を保証収入として定め，実際の収入が保証収入を下回った場合には，政府はプロジェクトカンパニーに対してその差額分を支払うことになっている。ただし，この保証は供用開始後20年間に限定される。

　このように，プロジェクトカンパニーの最低限の収入について政府が保証することを，一般にMRG（Minimum Revenue Guarantee）と呼ぶ[40]。本事業におけるMRGのメカニズムを図表6 -24に示す。

図表6-24 　本事業におけるMRGのメカニズム

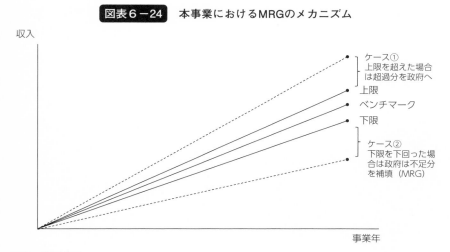

出所：筆者作成

　もう一点，本事業で重要なのは，交通量の需要予測について，次の3つの主体がそれぞれ独立して実施したという点である。

40　韓国政府が本事業および他のPPP事業にMRGを積極導入した背景としては，1990年代後半における韓国経済の停滞がある。韓国政府は，国内における投資の地合いが冷え込む中で，インフラ整備に対する民間投資を呼び込むために，手厚いともいえるMRG制度を導入したといわれる。

- 公共契約機関による需要予測：韓国のコンサルタントに委託して実施
- 民間事業者による需要予測：韓国のコンサルタントに委託して実施
- 融資金融機関による需要予測：外国（米国）のコンサルタントに委託して実施

　これらの需要予測の結果にはそれぞれ開きがあった。どの需要予測が最も甘くて，どの需要予測が最も厳しかったかはここではあえて言及しないが，誰でも容易に想像できる結果であった。ここで重要なのは，事業成立のまさにキモとなる需要予測について，三者によるクロスチェックを行いながら目標値を定めたというプロセスにある。

　本事業は，運営開始からすでに15年以上が経過しているが，財務およびサービスの両面において支障なく実施されている様子である。また，最低収入保証制度も，政府からの支援は発動されたという事実は確認されていない。その意味で，十分なサステナビリティを確保しつつ実施されている典型的なPPPの成功事例といえよう。

　ただし，特にMRGの制度自体については，他のPPP事業における発動が頻発し，それが国民から強い反発や批判を受けることとなった[41]。そのため，2006年より，新規PPP事業（アンソリシティド方式）に対するMRGの適用が原則として禁止されることになった。また，2009年以降は，すべての新規PPP事業（アンソリシティド方式とソリシティド方式の双方を含む）に対するMRGの適用が禁止されることとなった。これは，事実上，MRG制度の廃止を意味する[42]。

41　MRGは，2008年末時点で，ソリシティドとアンソリシティドの両方を含む36件の事業に適用されていた（KDI（2012）"Government Support for PPP Projects in Korea"）。また，あるメディアによると，韓国政府は2003年から2009年までの7年間で，914.5billion won（$783million）のMRG支出を行ったとのことである。

42　ただし，すでにMRGの適用規定が契約に盛り込まれているPPP事業については，その契約や規定は引き続き有効とされた。

⑵　考　察

　以上を踏まえて，本事業から得られる示唆または学びを整理する。まず，本書の第5章で示した「PPP事業の持続可能性を支える7つの要素」について確認を行う。

①　地域の理解と支援

　本事業は韓国第二の都市である釜山と，同第三の都市である大邱を結ぶ約82kmの高速道路である。この道路の整備により，両都市間の自動車での移動時間が30分程度短縮された。道路延長が長く，関係する地域が多岐にわたるため，それらの理解と支援を一概にまとめることは難しいが，少なくとも事業建設時および現在に至っても住民による反対運動等が起きたという事実は確認されていない。

②　財務のサステナビリティ

　本事業の計画では，15.00%のエクイティIRR（Internal Rate of Return）および14.67%のROE（Return on Equity）が見込まれている。プロジェクトカンパニーであるDEBCOのウェブサイト等を確認する限り，同事業の財務状況は健全であり，上述のようにMRGも発動されていない。それらの事実から，財務面については特に問題なく事業運営が行われていることがわかる。

③　財政のサステナビリティ

　本事業の初期投資には政府補助が組み込まれているが，事業運営開始後はMRGの発動もなく，基本的に政府による支出は発生していないと考えられる。上述のとおり，MRGは制度的には廃止されることになったが，本事業に関していえば，結果的に財政の持続可能性も確保された形となっている。

④ **機能のサステナビリティ**

本事業には，7つのインターチェンジ，105の橋梁，13のトンネル，および2つのサービスエリアが含まれるが，施設のメンテナンスは適切に行われており，ウェブで確認する限り深刻な障害は生じていない。もとより複雑な設備や機器を用いない道路事業だけに，機能の低下は基本的に見られない。

⑤ **技術のサステナビリティ**

上述のとおり，道路事業については，特に複雑な設備や機器を用いる必要がないため，技術の持続可能性も基本的に確保されていると考えられる。料金収受に関しては，ワントーリングシステム（One Tolling System）導入により本線料金所が廃止されるなど，マイナーな変更が生じているが，さほど大きな問題ではないと考えられる。

⑥ **環境のサステナビリティ**

事業の計画時および建設時に環境影響評価（EIA）が実施され，住民移転や希少生物の保護について適切な措置が取られている。一部，住民補償の関係で建設工事が計画に比べて遅延した工区があったが，最終的には解決され，無事2006年に全面開通を実現している。運営期間中についても，特に環境面や社会面において大きな問題が生じたという事実は確認されていない。

⑦ **再現性**

本事業における再現性の評価は，率直に言って難しい。これまでも随所で述べてきたように，本事業に特化していえば，サステナビリティの観点からも成功している。しかし，それが他の事業において再現されたかというと，その裏付けを取ることはできなかった。同じ韓国の道路事業でも，出資会社，建設会社，融資金融機関などといった事業のステークホルダーや，実施条件（立地や政府支援）が異なる。こうした事実は，1つの事業を再現するということが，いうほど簡単ではないことを物語るものである。

　強いていうならば，これらの一連のPPPの経験は，韓国政府でPPPを推進する立場にあるPIMAC（Public and Private Infrastructure Investment Management Center）においてナレッジが蓄積されており，将来案件にその教訓が生かされているものと考えられる。

　最後に，筆者自身の分析に基づく，本事業からの「学び」について整理する。

本事業からの「学び」

政府支援のあり方

　本事業では，政府が初期投資額の約28％に相当する政府補助を拠出するとともに，運営期間中もプロジェクトカンパニーの最低収入を保証するMRGが適用された。政府によるそれらの制度の運用や個別事業への適用については反省すべき点が多くあったかもしれないが，そうした政府支援制度が存在する（存在した）こと自体は，インフラへの民間投資を呼び込む高い効果をもたらしたということで評価できる。コロナ禍の影響を受けて，多くの公的機関がPPP事業における公的支援のあり方について見直しを進める中で，韓国の事例から得られる教訓や示唆は少なくないと考えられる。

入念な需要予測

　本事業では，政府，民間事業者，および融資金融機関による3種類の需要予測が行われたが，これが健全な事業パフォーマンスの実現に果たした役割は少なくないと考えられる。このことから，PPP事業を通じて提供される公共サービスに関し，その内容，品質，量，程度，対価などについて計画段階で入念な検討を行い，そのうえで詳細かつ精度の高い需要予測を行うことは，PPPの基本中の基本であることを再度確認した。これは，ソリシティド，アンソリシティドにかかわらず，PPPで実施する以上，すべての事業に当てはまることといえよう。

第三者的立場にある者によるチェック

　最後に，本事業のもう1つの重要な成功要因として，融資金融機関に，日本（韓国からすると外国）の金融機関が加わったことを指摘したい。これにより，国内企業のみによる甘えやなれ合いを回避して客観的な観点から事業計画を立

案するとともに，関係者間で（良い意味で）緊張感のあるコミュニケーション
をとることができたと考えられる。本事業は，PPPにおいて関係者が一定の距
離感を保つことの重要性を，改めて気づかせてくれるものである[43]。

シンプル・イズ・ベスト

　本章で示した事例のうち，はじめの4つは，「複合サービス」を提供するも
のであった。結果的にこれらの事業では複合化が適切に図られ事業が順調に進
んでいるが，多くの場合は逆に複雑化を招き，ファイナンスやリスク管理を難
しくする。その意味で，本書は複合化自体をアプリオリに推奨するものではな
い。PPPやプロジェクトファイナンスの原理原則に立ち返ると，やはり，事業
はできるだけシンプルにすることが，その持続可能性を担保するという観点か
らも重要である。

コラム6　PPPにおけるパートナーシップとは何か？

　本章で見てきた4つの事例を通して，改めて，PPPにおけるパートナーシッ
プとは何かについて考える機会を得た。ここで，筆者なりの考えを整理してみ
たい。
　4つの事例に共通することの1点目として，まず，これらのPPP事業は，い
わゆる「田舎（いなか）」で行われている点を指摘したい[44]。通常，PPPというと，
国や，政令指定都市などの大きな地方公共団体で実施されるものと想像しがち
であるが，これらの事例では，地方部においてもPPPが十分に実施可能である
ことを示している。
　共通点の2点目として，これらのPPP事業は，いずれも民間事業者に対して
適切なインセンティブが与えられているという点である。言い換えると，いわ
ゆる「箱モノ事業」といわれるような事業のように，民間事業者に単に施設整

---

[43]　このような関係は，しばしば「アームズ・レングス（Arm's Length）」の関係と呼ばれ
る。すなわち，「複数の当事者が互いに近い距離の（経済上・権限上の）関係を保ちつつ，
それぞれ目的を異にする関係や牽制し合う関係であるなど，利害不一致（ないしは対立）
の可能性をも保ち，互いに独立の立場を取る」という意味である。
[44]　ただし，韓国の大邱—釜山高速道路プロジェクトを除く。

備と最低限の施設維持管理を委ねるものではなく，民間事業者の自助努力による収益向上の余地を十分に確保している。また，その仕組みの構築については，事業の計画段階で専門家を有効に活用している。

　共通点の3点目は，運営については公共契約機関の関与は最低限とし，民間主体の運営がなされている点である。すなわち，公共契約機関は，事業目的を明確にする一方で，事業の運営についてはその多くの部分を民間事業者に委ね，創意工夫の可能性を最大限に引き出す仕組みとなっている。特に公有地活用型や民間提案型の事業は，民間事業者の裁量の余地が大きい。

　共通点の4点目として，それでいて事業の計画から運営まで，一貫して公共契約機関と民間事業者のコミュニケーションが密に取られ，結果として様々なリスクの顕在化についても両者が連携して対応するという「しなやかな」事業運営がなされているという点が挙げられる。ここから，公共契約機関が，事業運営において民間事業者を「放置」するのではなく，必要に応じて「サポートする」ことの意義の重要性が読み取れる。

　以上を踏まえて，改めてPPPにおけるパートナーシップのあり方について，筆者は以下のように考えるに至った。

　まず，前提として，いわゆる「都会」または「大都市」以外においてもPPPの実施は十分に可能であることがこれらの事例からわかる。必要とされる条件は，意志と知識・知恵である。

　そのうえで，持続可能なPPPを実現するために公共契約機関として必要なことは，民間事業者が思う存分に自助努力や創意工夫を発揮できるような土俵を用意し，またそのためのインセンティブが適切に働くような仕組みを構築することである。そして，事業の運営期間中において，しっかり民間事業者を「支える」ことである。

　他方，民間事業者は，そうした土俵，仕組み，支えの下で，公共サービスの質や量の充実と，自身の収益最適化の両立を図りつつ，事業目的の達成を実現することが求められる。もちろん，それは一人よがりなものであってはならず，事業期間全体を通じて公共契約機関との密なコミュニケーションを通じて，確認・調整を行っていかなければならない。

　現実の世界では，パートナーシップについては様々な形や考え方がありうるし，その意味で上記はそのうちの1つにすぎない。しかし，いずれにしても，PPPはその性質上，公的機関と民間企業が常に結びついた形で公共サービスを提供するものである。PPPの実務者には，個別事業ごとで構わないので「あるべきパートナーシップとは何か」について，一度は考えてみてほしい。筆者の考えがその一助になれば幸いである。

第3部

実践編

　第3部では，公的機関向けと民間企業向けにそれぞれ章を分けて，サステナブルPPPを実現するために，具体的にどのように取り組んでいったらよいか，あるいはどのような留意点があるかといった点について，筆者の考えを示す。各ポイントについては，基本的に第4章に示したPPP事業のライフサイクルの流れに沿って整理する。

第7章

公的機関向け：国内におけるサステナブルPPP実現のポイント

　本章では，主として国内のPPP事業において，公的機関がいかにサステナブルPPP，すなわち，それ自体が持続可能でかつSDGsに貢献するPPPを形成，実施していくかについて実務的なガイドを示すことを試みる。具体的には，第5章で示したサステナブルPPPの基本要素および第6章で示した事例から得られた示唆を踏まえつつ，効果的なサステナブルPPP導入のポイントを示す。

1 ▎ はじめに（前提条件）

　いかなる事業においても，一義的には，当該事業を安定的に継続させて，公的に定められた事業目的（アウトプットとアウトカムを含む）を達成することに注力すべきである。事業の持続可能性を支える要素として，本書の第5章では，以下の7つを示した。

> 1．地域の理解と支援（Acceptance and Support by Local Community）
> 2．財務のサステナビリティ（Financial Sustainability）
> 3．財政のサステナビリティ（Fiscal Sustainability）
> 4．機能のサステナビリティ（Functional Sustainability）
> 5．技術のサステナビリティ（Technical Sustainability）
> 6．環境のサステナビリティ（Environmental Sustainability）

7．再現性（Reproducibility）

　これらの要素については，事業のライフサイクルを通じて意識，手当てしていく必要がある。これは，公的機関と民間企業の双方に当てはまることである。

　SDGsへの寄与を意識することはそれ自体重要で，ある意味，必須のプロセスではある。しかし，優先順位としては事業目的の達成に劣後する。あくまでも，事業目的を達成した延長線上にSDGsに寄与するという位置付けにあることを認識しておく必要がある。

2 ┃ ビジョンに基づくアウトプットとアウトカムの設定

　1つのPPP事業のライフサイクルは，その事業が提供するサービスのニーズを認識することから始まる。対象となるニーズについては，公的機関の種類（国，地方政府，自治体）やセクター（道路，電力，まちづくり施設）によって異なりうるが，いずれの場合においても，公的機関は，そのサービス提供が，自身のビジョン（当該公的機関として目指すべき姿，またはあるべき姿），およびそれらを実現するための政策や計画等に合致していることをまず確認する必要がある。そのうえで，その事業に求められるアウトプットとアウトカムを明確にすることが大切である。

　アウトプットとは，「当該事業が具体的に提供するサービス，製品，成果物」を示す。また，アウトカムは，「事業の結果や成果物によって生まれる状態」のことをいう。理論的には，アウトプットが適切に提供されて，その結果としてアウトカムが生じるということになり，両者の間には因果関係が存在する[1]。

　公共サービスの提供におけるアウトプットとアウトカムの具体的な例を以下に示す。ここに示したのはごく簡単な例であるが，アウトプットとアウトカム

1　ただし，アウトカムはアウトプットのほか，様々な要因によって影響を受けるものであり，適切なアウトプットが提供されたからといって，必ずしも想定したアウトカムが得られるわけではない。

の記述はできるだけ具体的かつ丁寧に行うのがよい。

図表7－1　アウトプットとアウトカムの例

	アウトプットの例	アウトカムの例
道路施設	道路サービスの提供	• 地域住民の利便性の向上 • 産業活動の促進
発電施設	電力供給量の増加	• 消費者の利便性の向上 • 産業活動の促進
教育施設	勉強時間，読書時間，運動時間の増加	• 学力や体力の向上 • 問題行動の減少

出所：筆者作成

　一般的に，1つの事業の事業目的は，このアウトプットとアウトカムの双方により構成されることが多い。例えば，駐車場の整備等を目的とするPFI事業においては，以下のような記述がある[2]。

　　「本事業は，PFI法に基づく事業として，駐車場の大規模修繕を行うほか，施設の維持管理及び運営を一体的に行うことで，民間資金，経営能力及び技術能力の活用によって効果的かつ効率的に維持管理・運営を行い，併せて駐車場利用者の利便性向上，地域活性化の事業を実施するものである。」

　上の例では，「駐車場の大規模修繕を行うほか，施設の維持管理及び運営を一体的に行うこと」の部分がアウトプットを指し，「併せて駐車場利用者の利便性向上，地域活性化の事業を実施する」の部分がアウトカムを指していると解釈することができる。

　一方，SDGsへの貢献については，多くの公的機関において基本方針等が示されているが，基本的にSDGsへの貢献が事業目的になることはない。あくまでも事業を実施したアウトカムの延長線上にその貢献が認められるという位置

2　『青森県駐車場維持管理・運営事業実施方針』より引用。

付けになる。以上の考えを整理したのが，図表7-2である。

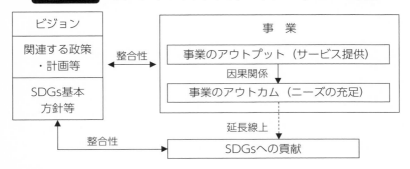

図表7-2　ビジョン，アウトプット，アウトカム，SDGsの関係

出所：筆者作成

3 ▌計画段階における専門家の活用

　PPPの活用を視野に入れた事業計画策定あるいはフィージビリティ・スタディ等の実施の際には，PPPの専門家の活用がしばしば有効である。PPPの専門家としては，例えば次のものが挙げられる。

- 民間コンサルタント
- 大学の職員や研究員
- 非営利団体の職員
- 国や自治体が派遣する専門家

　専門家の起用は基本的には民間委託の形を取るために，公的機関としては予算の確保が必要となる。特に地方自治体にとっては相応の金額負担が求められるが，この段階での検討は事業の成否を担うカギとなるため，しっかりとした調査成果が得られるのに必要な予算を確保する必要がある。

　なお，我が国の地方公共団体が活用できる政府支援としては，地方創生推進

交付金や地方創生拠点整備交付金等がある[3]。また，内閣府や国土交通省の専門家派遣制度を活用することにより，その負担を軽減することも可能である。

　事業計画の策定および調査段階で専門家を活用することのメリットとしては，以下のものがある。

- 先行事例や他事例に詳しく，豊富な情報量を有している。
- 特に公的機関が不案内な分野である事業のファイナンス（中央政府による支援を含む）について豊富な知識や経験を有する。
- 第三者的観点から客観的に観察，検討等を行うことができる。
- 民間事業者等とのネットワークを有し，それを計画や調査に活かすことができる。
- 事業の実施に際し，地域住民等のステークホルダーとのコミュニケーションを取ったり，説明や対話を行うことに慣れている。

　本書の第6章で取り上げた事例については，いずれも事業の計画段階において，専門家を有効活用することにより，事業の計画・調査が適切に行われ，それが基になって事業が成功裡に実施されているものである。

4 ステークホルダー・エンゲージメント

　世界的なPPP，特に第1章で解説したピープル・ファーストPPPの文脈において最も重視されているプロセスの1つが，ステークホルダー・エンゲージメントである。ステークホルダー・エンゲージメントとは，「事業者がステークホルダーのことをよく理解し，ステークホルダーとその関心事を，事業活動と意思決定プロセスに組み込む組織的な試み」とされる[4]。特にPPPの文脈では，

3　これは，2022年5月現在の情報である。
4　環境省ウェブサイト（http://www.env.go.jp/policy/j-hiroba/kigyo/2-03_kaisetusyo_stakeholderengagement_200331.pdf）より。なお，適宜別紙3も参照のこと。

事業のライフサイクルにわたってステークホルダー・エンゲージメントを適切に実施することにより，事業にかかるリスクを低減するとともに，事業目的の達成に大きく貢献するとされる[5]。

　ステークホルダー・エンゲージメントという言葉はまだ我が国ではそれほど浸透していない。実際，ステークホルダー・エンゲージメントは，PPPに限った用語ではなく，公共サービスの提供や公的な事業を実施する際に留意すべきプロセスとされる。その文脈において，我が国では，環境省が民間事業者向けに策定した「環境報告ガイドライン」に関連してステークホルダー・エンゲージメントの解説を行っている。本書の別紙1にその解説の抜粋を示しているので，適宜参照されたい。

　再びPPPの文脈に戻ると，筆者の理解では，ステークホルダー・エンゲージメントの「エンゲージメント」とは，「特に強い利害関係や影響力を有する者（個人および団体）をPPP事業のステークホルダーとして公式に位置付けること，またその結果として，その意見把握を行うとともに対応・手当を適切に行うこと」を意味する。そのプロセスは，具体的に以下のようなプロセスをいう。

- 事業の計画段階においては，できるだけ広い範囲でのステークホルダーに対して意見等を把握し，適切な調整を経てそれをできるだけ事業計画に反映させる。また，それを適切にフィードバックする。
- 事業の実施段階においても，継続してステークホルダーの意見等の把握を行い，事業が当初の目的（アウトプットおよびアウトカムを含む）を達成しているかを確認する。もしそれらが達成されていない場合は，事業者に対して適切な是正措置を取る。
- 仮に事業実施段階において，ステークホルダー，特にサービスの利用者や地域住民の意見等が変化した場合は，民間事業者をはじめとする関係者と適切な相談や調整をしたうえで，事業契約等の変更を行う。

5　UNECE（2021）による。

　また，上述の環境省の解説によると，エンゲージメント手法の行為内容は，以下の10段階に整理される[6]。

①受動（remain passive）：積極的には何もしないレベル。受動に該当するエンゲージメント手法は，ステークホルダーからの一方的な会社への抗議。手紙，メディア，インターネットなど。

②監視（monitor）：ステークホルダーの見解についてメディア，ネット，SNS等から情報収集するレベル。該当するエンゲージメント手法は，メディアやインターネットでの情報検索，関連する文献調査など。

③主張（advocate）：事業者が社会的に批判されているような場合に，自社への支持を集めるために行う事業者の活動。エンゲージメント手法は，規制当局への圧力，SNS等を通じた広報活動やロビイングなど。

④通知（inform）：事業者から特定のステークホルダーに向けて，一方的に情報発信するだけで，特には反応を求めないレベル。エンゲージメント手法は，会社案内，パンフレット，ウェブサイト，スピーチなど。

⑤合意履行（transact）：事前の合意事項や契約条件を履行するだけで，それ以上は何もしないレベル。エンゲージメント手法には，PFI（Private Finance Initiative：プライベート・ファイナンス・イニシアティブ）やCRM（Cause-related Marketing：コーズ・リレイテッド・マーケティング）など。

⑥諮問（consult）：ステークホルダーへの意見の諮問であり，プロジェクトや計画について，ステークホルダーからの情報提供やフィードバックを求めるレベル。エンゲージメント手法は，調査活動，マーケティング目的による消費者グループの抽出（focus group），各種ワークショップなど。

6　以下の①〜⑩，および続く解説は，環境省資料からの引用である。

⑦交渉（negotiate）：特定の問題についてステークホルダーと交渉するレベル。エンゲージメント手法は労働組合を通じた労使の団体交渉など。

⑧巻き込み（involve）：事業者とステークホルダーが独立して行動しながらも，相互に相手を理解しようと努めるレベル。該当するエンゲージメント手法は，マルチステークホルダー・フォーラム，ステークホルダーによるアドバイザリー委員会，ダイアログなど。

⑨協力（collaborate）：協働して意思決定やプロジェクトに取り組むレベル。エンゲージメント手法は，共同プロジェクト，合弁事業，パートナーシップなど。

⑩権限付与（empower）：特定課題に関する意思決定権限をステークホルダーに付与するレベル。エンゲージメント手法は，ステークホルダーを社外取締役に選任することなど。

出所：環境省ウェブサイト（http://www.env.go.jp/policy/j-hiroba/kigyo/2-03_kaisetusyo_stakeholderengagement_200331.pdf）より。

　これらのエンゲージメントレベルは，①から⑩に移動するにつれて高くなり，エンゲージメントの形態も成熟する。また，それと同時に，事業者・ステークホルダー間のコミュニケーションはより双方向化し，コミュニケーション手段も多様化する。

　実際のところ，ステークホルダー・エンゲージメントと同様のプロセスは，日本のPPPにおいても基本的には実施されている。具体的には，「マーケットサウンディング」との形で，主として事業に関心を有する企業への情報提供や意見聴取が行われている。これ自体，適切な事業スキームや条件を設定するうえで非常に重要なプロセスであるが，特にピープル・ファーストPPPの観点からは，それに加えて，サービスの（潜在的な）利用者や地域住民からも声を吸い上げて，それを事業計画や事業実施に反映する（さらにそのフィードバックを適切に行う）ことを重視している。

5 ▌ 事業手法の選定

　我が国におけるPPPの事業手法については，第3章に示しただけでも多様なものがあるが，基本的には事業の内容や条件によって，ある程度の「フィット感」がある。以下に，事業手法を考えるうえでの基本的な視点を示す[7]。

- 施設整備の有無
- サービス対価の収受の有無
- 担い手となる民間事業者の有無
- 先行事例の有無

　まず，第1点目として，事業手法は，施設整備の有無で基本的に大きく分かれる。施設整備を伴う場合は，PFI（コンセッション方式を含む），DBO方式，および公有地活用に基本的に限定される。他方，施設整備を伴わない場合には，指定管理者，包括的民間委託，PFS等の適用を考えることになる。さらに前者については，一般的にはVFMの評価を通じて，公的機関の財政負担および提供されるサービスの質（価値）を比較考量して最も最適な手法を決定するという流れになる。

　第2点目として，事業が提供するサービスにつき，その利用者から直接にサービスの対価を収受するかどうかという点がポイントとなる。もしサービス対価の収受があるのであれば，施設整備を伴う事業であればPFIの独立採算型もしくはコンセッション方式，DBO方式，公有地活用等が検討候補となる。逆に，サービス対価の収受がない場合は，施設整備を伴う事業であればPFIのサービス購入型，そうでない事業については包括的民間委託やPFS等が検討候補になる。なお，指定管理者については，サービス対価の収受の有無に関係な

7　これらの前提として，法的に可能であるか（法的根拠があるかどうか）という視点があるが，自明のことなのでここではあえて解説はしない。

く適用することが可能である。

　第3点目として，担い手となる民間事業者の有無がポイントとなる。いくら公的機関がPPPの実施を想定しても，担い手となる民間企業がいなければ，そのPPPは成立しない。特に施設整備を伴う事業については，事業費も多くなり，また，しばしば民間による資金調達を伴うことから，PPPの活用については慎重な検討を有する。施設整備を伴う事業で，もし意欲的な民間企業があればPFIや公有地活用の方法が考えられるが，そうでない場合は民間の資金調達が伴わないDBO方式，あるいは，施設整備は公共が行って，その後の施設運営を民間に委ねる方式を検討することになる。

　第4点目として，類似事業における先行事例の有無が挙げられる。前例のない新たな分野や方式でPPPを適用すること自体は否定するものではないが，多くの公的機関においてはやはり先行事例の有無を気にするのは事実であり，そこからの教訓や示唆を得たいところである。仮に日本国内でそうした事例がなくとも，場合によっては海外における先行事例をショーケースとして参考にできる可能性も多いにある[8]。

6 ■ インセンティブ設計

　第3章で述べたように，適切なインセンティブ設計は，PPPの生命線であるといってよい。これをいかに設定および管理するかという点がPPP事業の成功ならびに持続可能性維持の鍵となる。

　インセンティブの働き方および管理方法は，基本的に料金収受型PPP（User-Pays PPP）と公共支出型PPP（Government-Pays PPP）によって異なる。料金収受型PPPにおいては，民間事業者のパフォーマンスが基本的にその収入と連動しているため，インセンティブは内蔵しているといえる。他方，公共支出

8　すでに，日本でも海外のPPP等の実績を研修し，導入を開始している事例もある。例えば，ドイツにおけるシュタットベルケや，米国におけるソーシャル・インパクト・ボンド（Social Impact Bond: SBI）がその典型といえる。

型PPPについては，何もなければモラルハザードが働きうるため，何らかの仕組みを講じる必要がある。

　その対策の1つとしては，民間事業者のパフォーマンスに応じて公共契約機関による支払額を変動させるというものである。こうした仕組みは，PFI（サービス購入型），PFS，PBCなどにおいて用いられている。ただし，仕組みづくりおよびその運用のためにそれなりに行政の労力やコストが必要とされることを認識しておく必要がある。

　もう1つの対策としては，基本的には公共支出型のスキームを取りながらも，民間事業者の自主事業部分を業務範囲に組み込むという方法がある。例えば，有料道路事業におけるSAやPA，複合施設における民間収益事業，指定管理施設における，いわゆる自主事業が挙げられる。こうした要素を組み込むことにより，民間事業者に対してはパフォーマンスを良くして少しでも収益の拡大を図ろうというインセンティブが働きうる。

7　モニタリングと契約変更

　料金収受型，公共支出型を問わず，公共契約機関が事業期間中のモニタリングを適切に行うことは必須である。具体的には，自身のビジョンや関連計画等と照らし合わせながら，PPP事業契約で定められたアウトプットが適切に提供され，またアウトプットが達成されているかを確認する。また，もし適切にアウトプットが提供されていない場合は，是正措置を講じる必要がある。モニタリングは，インセンティブが自動的に組み込まれていない，公共支出型のPPPにおいて特に重要とされる。

　一方，インセンティブと並行して最近重要視されているのが，契約変更である。その背景には，以下のような事象がある。

- コロナ禍により，事業収支に影響をきたすことが多く発生した。その結果，契約変更を行って事業の範囲や条件を変更したり，公共による補償を行う事例が増えてきた。
- 世界的には，ピープル・ファーストPPPの考えが広がりはじめ，長きにわたる事業期間において，もしサービス利用者や地域住民等の重要なステークホルダーのニーズや，公的機関の政策に変化が生じた場合は，それに応じて（民間事業者には適切な補償を行うという前提で）契約変更をすべきであるという考えが広がりはじめてきた。

　こうした事情を踏まえて，PPP事業契約においては，（特に公共側の事由による）契約変更に関する具体的な手続きを定めるとともに，それに伴って生じる民間事業者への補償についてもより詳しい条件を定めることが求められるようになってきた。また，上述のコロナ禍による影響を踏まえ，不可抗力の定義もより具体的な記述を行う必要性が生じている。

　従前のPPPでは，「一度契約を締結したら，契約満了までは変更しないことが前提」とされてきた。しかし，これからのPPPでは，「契約変更を行うことを前提として」PPP事業契約の策定，締結，および運用を行うことが求められている。これは，まさに大きな転換といえる。

8 ▎再現と経験・ノウハウの蓄積

　特にサステナブルPPPの観点から重要とされるのは，成功体験の「再現」である。1つの行政単位で見た場合，PPPの活用を1回で終わらせるのではなく，そこから教訓を導き出し，次のPPPの形成・実施につなげていくということが重要である。並行して，公的機関の内部にもPPPに精通した部署・人材を設けて，その経験やノウハウを蓄積していく必要がある。

　この点に関連して，よく聞かれるのは，公的機関における「キーパーソン」

の存在である。確かに，PPP導入の初期においては，公的機関内でPPPを強く推進するリーダーおよび担当者がいて，その存在や働きが重要な成功要因になることは否めない。しかし，公的機関によるサービス提供は半永久的に継続していかなければならず，その成功要因が属人的なものであってはならない。したがって，先行事例の経験やノウハウを，組織的に蓄積していくことが重要である。そうした組織的な経験やノウハウの蓄積方法としては，次のようなものがある。

- PPPに関する専門部署の設置
- 事業単位でのマニュアルの策定
- 外部機関における研修やトレーニングの受講
- 民間企業等への出向制度のシステム化と運用

　実際，現在，PPPの成功事例として取り上げられる公的機関の多くは，導入当初は試行錯誤を経験してきた。しかし，そこで諦めるのではなく，粘り強くその取組みを繰り返すことによって教訓や成功の秘訣を引き出すとともに，組織的な経験やノウハウを蓄積することによって，PPPをよりうまく扱えるようになるというのが一般的なパターンのように思える。公的機関には，そうした中長期的な観点に立った組織戦略が求められる。

9 ▌SDGs要素の取り込み

　本章の最後に，結局，PPP事業の形成・実施において，SDGsの要素をどのように取り込んでいくべきかについて，これまで記載した事項に基づきながら，改めて整理する。

(1) 事業目的とSDGsの紐付け

　一般的に，SDGsへの貢献を事業目的とするPPP事業はなく，あくまでも

SDGsは事業目的達成の延長線上に位置付けられる。他方で，多くの公的機関は自身のSDGs基本方針等を定めており，両者の関係について意識して紐付けをしたうえで，事業を形成・実施する必要がある。

(2)　ステークホルダーとのコミュニケーション

　ピープル・ファーストPPPの考え方と相まって，SDGsで重視するのはサービスの利用者が真に必要なサービスを享受すること，および，それが環境に影響を与えない形で地域経済の発展に寄与することである。そのため，事業の計画段階において，ステークホルダーとコミュニケーションを取り適切な手当てをすることは，非常に重要なプロセスとなる。同様に，運営段階に入ってから，サービス利用者や地域住民から適切なフィードバックを受けつつ，事業のマネジメントを行っていくことが求められる。

(3)　特記仕様書作成上の工夫

　PPP事業契約（それと一体をなす特記仕様書等を含む）においては公的機関が求めるアウトプットが規定されるが，その提供方法を考えるうえで，SDGsに配慮した条件を付すことができる。具体的な例としては，以下のものが挙げられる。

- 再エネや省エネに配慮したエネルギー利用
- 温暖化ガス排出抑制の工夫
- 循環経済を意識したリサイクルの促進
- 環境にやさしい部材や原料の使用
- 地産地消の推奨
- 地元住民の採用
- ジェンダーの主流化に対する配慮

　特に，これらの点に関する入札参加者の提案が，調達プロセスにおける加点

項目となっている場合は，入札参加者からの積極的な提案がなされることが期待できる[9]。

(4)　民間による代替提案の積極的受入れ

上記(3)とは逆の視点となるが，調達過程や運営期間において，民間側から仕様書の指定と異なるがより良い提案がなされた場合，それを検討し，必要に応じて契約変更を行う準備ができていることが望ましい。特に，長期にわたる契約の場合は，社会的なアジェンダや適用技術に変化が生じる可能性もあるので，それをある程度柔軟に吸収できる仕組みを講じておくことが望ましい。

(5)　事業施設の長寿命化と事業の継続

その事業がどの程度の期間にわたって継続されるか，あるいはその事業施設がどの程度の期間にわたって維持されるかについては，不確実な要素が大きい。しかし，もし事業施設が取壊しになり廃棄されるようであれば，それは産業廃棄物の増加につながる。もちろん優先順位を取り違えてはならないが，可能であればその事業施設の長寿命化を図りつつ，事業を継続することができれば，循環経済の推進およびSDGsへの貢献にプラスの影響を与えることができると考えられる。

9　なお，これらの提案内容が，事業実施期間中に「有言実行」されることを確認（モニタリング）することも，同様に重要であることはいうまでもない。

今後のPPP事業契約において特に注意すべき事項

　本書のまえがきにおいて，昨今，世の中で生じている事象として特にPPPに深刻な影響を与えているものとして，気候変動，コロナ禍，ロシアによるウクライナ侵攻について触れた。また，足元でみると，我が国では急激な円安や物価高騰が生じている。PPP事業の持続可能性を確保するためには，PPP事業契約が，それらに「しなやかに」対応できることが大切である。ここでは，今後のPPP事業契約において，特に注意すべき事項について筆者の考え方を整理した。

①　不可抗力の定義と補償
　コロナ禍に影響を受けて世界的に議論が最も盛り上がった論点が，不可抗力の定義である。これは，具体的には，コロナ禍などのパンデミックはPPP事業契約における不可抗力に含まれるかどうか，また含まれる場合，公共契約機関はどのような形でどのような補償をすべきかという点が大きな問題となった。
　結論としては，その定義や対応は国や公共契約機関によって異なるという至極当たり前の形で落ち着いているが，そこから得られた大きな教訓としては，それらの点に関する規定はできるだけ具体的かつ詳細であることが望ましいというものである。こうした教訓は，単にパンデミックのみならず，気候変動や自然災害についても同様に当てはめることができる。
　なお，単に不可抗力の定義や例示を細かくするだけでなく，公共と民間のリスク分担，および民間事業者に対する補償の方法や金額決定基準等についても，できるだけ具体的かつ詳細に規定することが重要であることをここで強調しておきたい。

②　ステークホルダー・エンゲージメント
　本文でも述べたが，世界におけるPPPの最新の考え方として，「ステークホルダー・エンゲージメント」を重視する声が強まっている。これは，日本でいうところの「根回し」に近い概念であるが，筆者の理解では少々異なる。「根回し」は，一般的に，有力者と水面下で調整を進めて結果的に「しゃんしゃんで終わる」というイメージが強いが，ステークホルダー・エンゲージメントは，より広範で，オープンに行われる永続的なプロセスと筆者は理解している。
　例えば，ステークホルダー・エンゲージメントの対象は，政治家や地元有力

者のみならず，サービスの利用者や地域住民も含まれうる。また，個々に水面下で行われるというよりは，公の場（来るものを拒まない）で記録を残す形で実施される。さらには，事業の計画，運営，終了まで，事業のライフサイクルを通じて行われる。

　このようなプロセスを我が国のPPP事業でも意識的に取り入れていくことは，事業の透明性や公平性を高めるとともに，その持続可能性を強化する意味でも多いに役立つと考えられる。我が国ではすでに環境省においてその導入が進められているが，PPPの分野においても（その程度の差こそあれ），導入および普及が図られていくことが望まれる。

③　契約変更

　我が国においてPPP事業契約の変更がなされたことに対する公的なデータは筆者の知る限り存在しないが，ほとんどそうした事例はないのではないかと想像する。しかし，昨今の事情，例えばコロナ禍，自然災害，物価高騰などを考えると，公共および民間の双方において，契約変更に対する潜在的なニーズが高まっていると思われる。また，これは，長期にわたるサービス利用者のニーズの変化に柔軟に対応していくという意味でも重要である。

　事実，世界（特に欧米）においては，PPP事業契約に関して，契約変更およびそれにかかる再契約交渉に関する規定をしっかり設けるという意識が高まっている。これは，コロナ禍の影響によるところが大きいが，ピープル・ファーストPPPの観点から，サービスの利用者のニーズに柔軟に対応すべき（そのためには場合によっては契約変更が必要とされる）という考えの強まりもその背景にある。

　筆者は決して契約変更自体を積極的に推奨するものではないが，その潜在的ニーズが高まっているのではないかという考えの下，それに係る相談，交渉，および意思決定の方法について，必要な規定がPPP事業契約書に置かれていることを確認することの重要性を指摘しておきたい。

　また，公共側の事由で契約変更がなされる際には，上記①と同様，民間事業者に対して適切な補償等が行われることは必須であり，それに関連する規定が置かれていることの重要性も併せて指摘しておきたい。

第8章

民間企業向け：国内外におけるサステナブルPPP実現のポイント

本章では，国の内外のPPP事業において，民間企業がいかにサステナブルPPP，すなわち，それ自体が持続可能でかつSDGsに貢献するPPPを形成，実施していくかについて実務的なガイドを示すことを試みる。具体的には，第5章で示したサステナブルPPPの基本要素および第6章で示した事例から得られた示唆を踏まえつつ，効果的なサステナブルPPP導入のポイントを示す[1]。

1 はじめに（前提条件）

いかなる事業においても，一義的には，当該事業を安定的に継続させて，公的に定められた事業目的（アウトプットとアウトカムを含む）を達成することに注力すべきである。事業の持続可能性を支える要素として，本書の第5章では，以下の7つを示した。

1. 地域の理解と支援（Acceptance and Support by Local Community）
2. 財務のサステナビリティ（Financial Sustainability）
3. 財政のサステナビリティ（Fiscal Sustainability）

1　本章の解説は，項目的に第7章の公的機関向けの記述に共通または類似するものも多いが，その内容はあくまでも民間企業向けの解説を意図したものとなっている。

　4．機能のサステナビリティ（Functional Sustainability）

　5．技術のサステナビリティ（Technical Sustainability）

　6．環境のサステナビリティ（Environmental Sustainability）

　7．再現性（Reproducibility）

　これらの要素については，事業のライフサイクルを通じて意識，手当てしていく必要がある。これは，公的機関と民間企業の双方に当てはまることである。

　SDGsへの寄与を意識することはそれ自体重要で，ある意味，必須のプロセスではある。しかし，優先順位としては事業目的の達成に劣後する。あくまでも，事業目的を達成した延長線上にSDGsに寄与するという位置付けにあることを認識しておく必要がある。

2　ビジネス領域の選定

　企業が取り組むビジネス領域は，個々の企業の業態，置かれている状況や立場，志向や戦略によって異なる。また，SDGsへの貢献を直接の目的として事業に参画する企業は少ないと思われる。しかしながら，SDGsへの貢献可能性を念頭に置いてビジネス領域を検討することは大切であり，企業がビジネス領域を選定するうえで，1つの重要な要素となりうる。第5章では，SDGsの達成に向けて高い貢献余地が見込まれるビジネス領域として，以下のように整理した。

図表8－1　SDGsの達成に向けて高い寄与が見込まれるビジネス領域（図表5－5再掲）

SDGsのゴール		高い寄与が見込まれるビジネス領域
6	水・衛生	上水道，下水道
7	エネルギー	発電，送配電
9	インフラ等	道路，都市鉄道（モノレール，LRT等），物流，通信，DX

| 11 | 都市 | まちづくり，スマートシティ，TOD，防災／レジリエンス |
| 12 | 生産・消費 | 廃棄物処理（WtEを含む） |

出所：筆者作成

3 ▌ 事業対象国の選定（海外事業の場合）

　特に海外のPPP事業に取り組む場合は，事業対象国の選定が重要である。一般的に，事業対象国を選定する基準としては，以下の5点が挙げられる。

> ①一般的なビジネス環境（マクロ経済，信用格付，法制度，投資規制，腐敗度等）
> ②PPPに関する法制度や組織の整備状況（政府保証などの支援措置を含む）
> ③PPPビジネス参画の機会（グリーンフィールドおよびブラウンフィールドの双方を含む）
> ④事業リスク（カントリーリスク，政治リスク等）
> ⑤自社の実績，拠点，ネットワークの有無

　特に，第1章で述べたように，コロナ禍の発生後は，民間企業（金融機関を含む）の事業投資に対する見方が厳しくなっている。事業対象国の選定という意味では，ビジネスがしやすく，政府機関の信用力が比較的高い国が選ばれる傾向が強まっている。その1つの目安が，格付会社が各国政府の発行債権に対して与えている格付けである。

　例えば，格付会社ムーディーズではBaa格以上，同S&PではBBB格以上を投資適格債としている。これは，相対的に信用力が高く，債務不履行リスクの低い債券のことである。他方，それより低い格付けのものは「投機的格付債」等と呼ばれる。もちろん，これだけで事業対象国が選定されるわけではないが，実質的には重要な要素の1つといえる。

　PPPの法制度については，注意深い情報収集・分析が必要である。すなわち，PPP制度の有無の確認も重要であるが，それがきちんと機能しているかどうかの見極めも重要である。その端的な事例としてフィリピンとベトナムを挙げる。

　フィリピンのPPP基本法は，1990年代に制定されたBOT法である[2]。古い法律ではあるが，事実としてフィリピンではPPPは広く採用されている。一方，ベトナムでは2020年にPPP法が制定されたが，まだ十分に機能しているとはいえない状況にある。

　自社の実績，拠点，ネットワークに関して重要なのは，パートナー企業の有無である。海外PPP事業の場合，日本企業が単独もしくは日本企業のみでコンソーシアムを形成するということは稀であり，現地企業とのパートナリングが前提となる。現地企業と組むことにより，様々な情報収集，政治リスクの管理，現地ステークホルダーに対する手当て，料金徴収の実施，コスト縮減等が可能となる。見方を変えると，そうしたパートナー企業（候補）が存在するかどうかというのも，国を選定する際の重要なファクターになりうる。

4 ┃ 公的機関のビジョンやPPPに関する理解・熱意の確認

　国内外を問わず，PPPを推進しようとする公的機関のビジョンやPPPに対する理解・熱意を確認することも重要である。本章の随所で述べてきたように，PPP成功の1つの鍵は，公的機関が中長期的および戦略的な観点に立ってPPPを活用しようとしていること，またそれに際して民間ビジネスを理解しようとしていること，さらには公的機関の中にも経験やノウハウの蓄積を進め，成功体験の再現や，PPP全体の持続可能性を担保しようという思いを持っていることである。民間企業として，その点の見極めをしっかり行う必要がある。

2　ただし，2022年7月現在，新たなPPP法を制定すべく，政府内で検討・議論がなされている。

5 ▎コンソーシアムの形成

　コンソーシアム（しばしば「座組」とも呼ばれる）の形成は，いうまでもなく，事業機会の獲得および事業成功の重要な要因の1つである。コンソーシアムのメンバー構成は，当然，個々の事業において，是々非々で検討されるべきである。ただし，複数のPPP事業の経験を重ねることによって，すでにパートナー関係にある企業と再度同種の，あるいは異なる種類の事業に連携して取り組むという可能性も十分にある。そのようなパートナリングは，いろいろな意味でのリスク低減にもつながり，また過去の成功体験の再現という意味でも大きな意味を持ちうる。

6 ▎ステークホルダー・エンゲージメント

　PPP事業におけるステークホルダー・エンゲージメントは，筆者は，「事業者がステークホルダーのことをよく理解し，ステークホルダーとその関心事を，事業活動と意思決定プロセスに組み込む組織的な試み」としている。詳細については第7章において述べたので適宜そちらを参照されたいが，ここで強調したいのは，入札前においても民間事業者による一定のステークホルダー・エンゲージメントが重要であること，および事業契約締結後のステークホルダー・エンゲージメントは民間事業者が主体となって行われるべきであることの2点である。

　まず入札前の段階におけるステークホルダー・エンゲージメントは，基本的には公的機関の仕事と考えられる。ただし，実際は，入札実施以前にも，民間企業によるステークホルダー・エンゲージメントもしくは根回しが重要な役割を果たす場合もある。そのことを示す典型例が，我が国の複数個所で実施されている洋上風力発電事業である。これは公的機関（地方公共団体）による入札過程を経て事業者が決定されるものであるが，入札に先立って，応募候補者と地元関係者の間で多くの相談・調整等が行われた。このことは，民間事業者に

とっても，事業開始前のステークホルダー・エンゲージメントが重要であることを示唆している。

　もう1点は，ひとたびPPP事業契約が締結され，建設期間もしくは運営期間に入ったならば，その後は民間事業者が主体的にステークホルダー・エンゲージメントを実施すべきという点である。利用者や地域住民にとって，PPP事業を行政と民間がどのように役割分担をしているか等は基本的に関心がない。

　その意味で，サービスに対するフィードバック，不満や期待は，行政と民間の区別なく寄せられる可能性が高く，またその手当ても両者一体となって実施されるべきである。民間事業者も，受け身ではなく，セルフモニタリングはもちろんのこと，利用者や地域住民の声を積極的に拾い上げるように努めることによって，事業のサステナビリティをさらに強化することができると考えられる。

7 ▌ 計画・調達段階における公的機関との対話

　事業の計画段階および調達段階においては，イニシアティブが公的機関によって取られるため，どうしても民間の姿勢は受動的になりがちである。しかし，我が国では最近，例えば，計画段階におけるマーケットサウンディングや，調達段階における「競争的対話」の実施など，積極的に民間の声を吸い上げようというプロセスがとられるケースが増えている。こうした機会を利用して，積極的に声を上げていくことが重要である。

　特にその関連で今後注目されるのは，代替提案（Non-Conforming Bid）と呼ばれるものである。これは，公共契約機関が入札図書で示した設計，仕様，方法に対し，代替提案を行うものである。従前は，競争の公平性を保つという観点から認められないことも多かったが，最近では，「必ずしも公共側で考えたことが最適解とは限らない」という前提に立ち，応札者による代替提案を認めるケースも見られるようになってきた。そうした機会を有効に活用することも期待される。

8 ▎ プロポーザルにおけるSDGsの扱い

　プロポーザルの評価は，PPPの入札図書で示される評価基準に基づくが，いずれの事業でも「事業継続性の担保」は重視される視点である。第5章で示した7つの要素について意識し，適切にプロポーザルにて手当てがなされることが求められる。

　また，最近では，SDGsに関連する評価項目も多く見られるようになってきている。第7章でも述べたが，公共契約機関がSDGsに関連して，プロポーザルにおいて民間からの積極的な提案を期待する事項としては，以下のようなものが挙げられる。

- 再エネや省エネに配慮したエネルギー利用
- 温暖化ガス排出抑制の工夫
- 循環経済を意識したリサイクルの促進
- 環境にやさしい部材や原料の使用
- 地産地消の推奨
- 地元住民の採用
- ジェンダーの主流化に対する配慮

　また，上述したように，最近では，入札段階以前における民間企業によるステークホルダー・エンゲージメント（根回しを含む）も，案件によっては非常に重要な要素となっている。その手当てをきちんと行い，その事実や成果をプロポーザルに記載するのも有効と考えられる。

9 ▎ 契約変更

　上記6およびⅦとも関連し，民間事業者には，事業の実施期間中もステークホルダーと適切なコミュニケーションを取っていくこと，また，公共契約機関

に対して積極的な提案や意見提示をしていくことが期待される。場合によっては，サービス利用者や地域住民のニーズや期待が大幅に変化し，現状の契約内容では対応しきれない可能性が生じることも考えられる。そうした状況において，民間事業者には，「現状の契約ではこうなっているから対応できない」と即座に回答するのではなく，その事実を公共契約機関にしっかり伝え，必要に応じて契約変更の提案を行うといった積極性も求められる。

10 ▌ 再現と経験・ノウハウの蓄積

　本書の第6章で見たように，現在PPPで成功しているとされる多くの民間企業においても，PPPに取り組みはじめた初期段階においては手探り，あるいは試行錯誤の過程に直面してきた。しかし，それを乗り越えて教訓や学びを引き出しつつ，経験・ノウハウを蓄積し，新たな事業の形成・実施にそれを活用して成長してきたというのが共通のパターンとして読み取ることができる。同じ国，同じ地域で，成功体験の再現や横展開を図っていく，あるいはそれを他の国や地域に広げていくという中長期的なビジョンに立ったPPPの事業展開を進めることにより，PPPビジネス自体の持続可能性を高めることができる。

11 ▌ アンソリシティド方式という選択肢

　PPP事業というと基本的には公共主導型のソリシティド方式を想像しがちである。実際，案件数としてもソリシティド方式が多いのは事実であるが，高い自由度を確保して事業の形成・実施を行うという点では，アンソリシティドのアプローチを取るという選択肢もある。実際，第6章で紹介したミンダナオのケースは民間事業者によるアンソリシティドのアプローチであるし，同じくオガールプロジェクトは，公有地活用モデルといわれるが，内容的にはアンソリシティド方式といってよい。

　もちろん，アンソリシティドのアプローチについてはメリットとデメリット

がある。メリットとしては，行政の介入度が低く事業の自由度を高く保てること，適切な過程を経れば熾烈な競争過程を経ずに事業を実施する権利が得られることなどが挙げられる。デメリットとしては，せっかく入念な計画・提案を行っても，その権利が得られるかがわからない，行政のサポートが得にくい，それに関連して事業リスクも高くなる，さらには透明性や公平性の確保にも十分な留意が必要とされる，といった点が挙げられる。

すべてのケースにおいて，アンソリシティドのアプローチが可能または有効というわけではない。しかし，条件によってはそれが認められる場合もあるし，国内外の全体傾向としては，そうしたアプローチが認められるケースが増えてきているといえる。民間企業としては，自らの発案により事業形成をしていくという選択肢もあることを念頭に置いて，ビジネスを展開していくことが期待される。

12　SDGs要素の取り込み

本章の最後に，結局，PPP事業の形成・実施において，SDGsの要素をどのように取り込んでいくべきかについて，これまで記載した事項に基づきながら，改めて整理する。

(1)　事業目的とSDGsの紐付け

一般的に，SDGsの達成自体を事業目的とするPPP事業はなく，あくまでもSDGsは事業目的達成の延長線上にあると位置付けられる。他方で，多くの公的機関は自身のSDGs基本方針等を定めており，両者の関係について意識して紐付けをしたうえで，事業を形成・実施しているものもある。民間事業者としても，そのことをよく理解・確認したうえで事業に取り組む必要がある。

(2)　プロポーザル作成上の工夫

PPP事業の入札実施時に，RfPや仕様書（または要求水準書とも呼ばれる）

において，次の事項に関する積極的な提案が求められるケースが今後も増えてくると考えられる。

- 再エネや省エネに配慮したエネルギー利用
- 温暖化ガス排出抑制の工夫
- 循環経済を意識したリサイクルの促進
- 環境にやさしい部材や原料の使用
- 地産地消の推奨
- 地元住民の採用
- ジェンダーの主流化に対する配慮

　仮にこれらの事項に関する提案が明示的に求められていない場合でも，入札参加者として，プロアクティブな配慮や提案が求められるところである。

　なお，運営期間中にこれらを提案どおりに「有言実行」することも，提案と同様に大切であることはいうまでもない。

(3)　積極的な代替提案と契約変更

　調達過程や運営期間において，公共契約機関が提示する仕様，条件，方法に対して，自らがより良いソリューションであると考える場合には，積極的に発案または代替提案を行っていくことも考えられる。もちろん，そうした提案が受け入れられる場合とそうでない場合があるので慎重さも求められるが，サービスの質や効率性向上のためには，「受け身」ではなく，ある意味「攻め」のアプローチを取ることも重要である。特に，長期にわたる契約の場合は，社会的なアジェンダや適用技術に変化が生じる可能性もあるので，契約変更も含め，それらにある程度柔軟に対応していく姿勢が求められる。

(4)　運営期間中におけるステークホルダーとのコミュニケーション

　ピープル・ファーストPPPの考え方と相まって，SDGsで重視するのはサービスの利用者が真に必要なサービスを享受すること，および，それが環境に影響を与えない形で地域経済の発展に寄与することである。事業の計画段階にお

いて，ステークホルダーと中心的にコミュニケーションを取るのは公共契約機関であるが，ひとたび事業運営が開始されると，民間事業者がより主体的にステークホルダーとコミュニケーションを取っていくことが期待される。民間事業者は，公共契約機関と連携しつつ，サービス利用者や地域住民からフィードバックを受け，適切に事業のマネジメントを行っていくことが求められる[3]。

(5)　人材育成と技術移転

　国内，海外を問わず，PPP事業をその地域で定着させていくためには，地域による事業の「担い手」を育てていくことは重要である。具体的な方策としては，PPP事業開始以前の地元技術者の登用，地元関連企業の活用，地元スタッフの採用，新たな地元技術者の育成（技術移転を含む）などが考えられる。これは，単なる雇用対策ではなく，リスク管理やステークホルダー・マネジメントの観点からも有効であり，結果的に事業の持続可能性やレジリエンスを強化することにつながると考えられる。

カントリーリスクについて

　特に海外におけるPPP事業において，カントリーリスクは「伝統的かつ基本的な」リスクの1つである。しかし，近年において見られるグローバルアジェンダに対する意識の高まりや国際情勢の変化を踏まえて，その対策の重要性が一層高まっている。ここでは，すでに顕在化している（あるいは顕在化しつつある）カントリーリスクを整理し，その対策について考えてみたい。
　まず，日本政府や日本企業が関係する国において顕在化している（あるいは顕在化しつつある）カントリーリスクの例を図表8－2に示す[4]。

3　これに関連し，公共契約機関と民間事業者との間のコミュニケーション（適宜のホウ・レン・ソウを含む）が重要であることはいうまでもない。
4　これらのリスクは必ずしもPPP事業に限ったものではなく，ODAや純粋民間事業も含む一般的なものである。

図表8-2 顕在化した（あるいは顕在化しつつある）カントリーリスク

種　類	国・地域の例
戦争の勃発	ロシア，ウクライナ
クーデターの発生	ミャンマー，タイ
テロリズムの発生	バングラデシュ，パキスタン
政権交代／政策転換	マレーシア，フィリピン，米国
他ドナーの台頭	中国の一帯一路政策の対象国・地域
政府による支払遅延	ベトナム，スリランカ
事業施設の強制収用	ロシア
環境基準の強化	欧州

出所：筆者作成

　率直なところ，カントリーリスクは，不可抗力と同様，ある意味ではそれ以上に複雑で厄介なものであり，一発解決を図れるような対策を見つけ出すのが難しい[5]。それでも，これらのリスクを回避または緩和する方法としては，（一般的なリスク対策に加えて）以下のものが考えられる。

- 国際機関を含む公的機関による保険・保証の活用
- 日本政府の巻き込み（公的プレッシャーの強化）
- 現地のパートナー企業との役割・リスク分担の厳密化

　ただし，これらの方法も適用可能な場合は限定されており，また，その効果についても必ずしも保証されたものではない。その意味では，「そもそも事業実施国を選定するにあたってカントリーリスクの低い国を優先的に選定する」というのが最も効果的な対応策であるとも考えられる。

　もちろん，カントリーリスクの評価は，事業実施国，公共契約機関の能力や信用力，事業の内容・条件・建付けによるところも大きい。また，「リスクをうまく管理するところに商機がある」ことについては，第3章でも述べたとおりである。つまるところ，個々の事業において，リスクについて自身が適切に管理可能であるかどうか，およびそのリスクと報酬（リウォード）のバランスが取れているかどうかについて，より厳しく検討・判断していくことが求められている。

5　不可抗力は，文字どおり人為的に予測・管理しきれないものである。一方で，カントリーリスクは，人為的な要素に起因するものが多いと考えられる。

あとがき──日本の経験と技術を世界へ

本書のまえがきにおいて，ここ５年程度の間に，世の中が大きく変化したことを述べた。そうした中で，より良い社会経済の実現のために，自分に何ができるか，どのような貢献ができるかについて考える機会を多く得た。また，時を同じくして，複数の大学で教鞭を取ったり，新たなネットワークに参画したりする機会にも恵まれた。これらは，筆者のライフワークともいえるPPPについて，日々の仕事の現場から一歩距離を置いて学び直し，改めて理解や考えを整理する良い契機となった。そうした過程を経て執筆したのが本書である。

本書はサステナブルPPPという言葉をキーワードとして，PPP事業の持続可能性およびSDGsへの貢献について，筆者なりの考えを整理したものである。

国際的には，UNECEを中心に（ともすれば経済的なインパクトの追求に主たるウェイトが置かれていた過去のPPPの経験や反省を踏まえて）PPPとSDGsを明確に結びつける動きが進んでいる。こうした考えは，今後の国際的な場においてさらに影響力を強めていくものと思われる[1]。

我が国の公的機関や民間企業も，こうした世界のPPPの大きな潮目の変化を認識し，PPP事業の形成および実施において，意識的にSDGsを結びつけてPPPの仕組みの中に組み込み，事業目的とSDGsの双方の達成を目指すことが自然になることが期待される。

では，我が国におけるPPPにおいてSDGs的な要素が不足し，他国のPPPに遅れをとっているかというと，決してそうではない。むしろ，世界に誇れる経験や技術を豊富に有する。例えば，本書でも紹介した地域に根ざしたPPPや複合的なサービスを提供するPPPは，SDGsの観点からも我が国が世界に誇れるモデルの１つといえる。また，他の分野，例えば，省エネ，廃棄物，防災・レ

---

1 SDGs自体は2030年をターゲットとしたものであるが，その後も後継のグローバル・アジェンダが設定されるものと考えられる。その意味で，PPPと世界的なアジェンダの結びつきは，2031年以降も切れることはないだろう。

ジリエンス等にかかる経験，技術，ノウハウに関しても世界に誇れるものを有してると筆者は考える[2]。そうした自己認識に立脚したうえで，世界に対する積極的な情報発信を行うとともに，実際に国内外のPPP事業への適用（日本の経験の再現）を図っていくことが求められる。いうまでもなく，そのこと自体が，SDGsの達成に貢献することにほかならない。

　本書は，サステナブルPPPの実践ガイドとして，現時点における筆者の経験と知見の限りを尽くし，かつひとつひとつの記述に注意を払いながら時間をかけて執筆したものである。一方で，筆者の知識や経験の範囲は限られており，まだまだ勉強が足りないことも率直に認めるところである。本書でも至らない点が多くあろうと考えるが，その点については，今後の自身の精進および読者の皆様からのフィードバックを通じて，いつか何らかの形で改善されたものを再び世に問いたいと考えている。もしご意見，ご批判等あれば，直接に筆者までご連絡をいただけたら幸甚である。

　最後に，本書の出版にあたっては，企画の段階から校了まで一貫して株式会社中央経済社の末永芳奈氏にサポートをいただいた。また，本書の原稿については，人・夢・技術グループ株式会社（株式会社長大）の執行役員で，2019年11月から約8か月にわたりUNECEのPPP推進局に出向されていた加藤聡氏および匿名希望のO.T氏にお目通ししていただき，大変貴重なコメント等を頂戴した。皆様に対し，重ねてお礼を申し上げたい。

　2022年　盛夏の候，東京の自宅にて

佐々木　仁

2　我が国のPPPを特徴付ける事業については，別紙1を参照のこと。

別紙1　海外向けPPP事例集

　内閣府のPPP/PFI推進室は，2022年に，海外向けPPP事例集を公表した。こ
れは，外国の政府機関をはじめとするPPP関係者を対象に日本のPPP/PFIの制
度的枠組みおよび日本企業による国内外のPPP/PFI事例を紹介することを目
的とするもので，本邦企業が参画した国内外の代表的なPPP事業の概要を示し
たものである[1]。この資料は，グローバルな観点に立って，我が国の公的機関お
よび民間企業によるPPPへの取組みを理解したり，その特徴を把握・分析する
うえで参考になるので，ここに事業名の一覧を示す。なお，同資料は，内閣府
のホームページにおいて入手可能である[2]。

国内事例

01　浜松市公共下水道終末処理場（西遠処理区）運営事業（下水道）

02　横浜市南部汚泥資源化センター下水汚泥燃料化事業（下水道）

03　黒部市下水道バイオマスエネルギー利活用施設（下水道）

04　豊橋市バイオマス資源利活用施設整備・運営事業（下水道）

05　名古屋市北名古屋工場整備運営事業（廃棄物処理）

06　東京国際空港国際線地区整備等事業（空港）

07　仙台空港特定運営事業（空港）

08　佐原広域交流拠点PFI事業（河川）

09　多摩広域基幹病院（仮称）及び小児医療センター（仮称）整備等事業
　　（病院）

10　都市再生ステップアップ・プロジェクト（竹芝地区）（都市開発）

11　みなとみらい21中央地区20街区MICE施設整備運営事業（MICE施設）

1　当該資料は，英語版と日本語版の双方にて策定されている。

2　https://www8.cao.go.jp/pfi/pfi_jouhou/jireishuu/pdf/jireishu_japan.pdf

12　中央合同庁舎第 7 号館整備等事業（庁舎）

13　大阪府営豊中新千里東住宅民活プロジェクト（住宅）

海外事例

14　ラオス国ナムニアップ 1 水力発電プロジェクト（エネルギー関連施設）

15　ジョージア国ダリアリ水力発電所への出資（エネルギー関連施設）

16　バングラデシュ国メグナハット地区ガスコンバインドサイクル発電プロジェクト（エネルギー関連施設）

17　ドバイ首長国ワラサン地区廃棄物処理発電事業（廃棄物処理）

18　カンボジアでの水道事業への参入（水道）

19　モンゴル国チンギスハーン国際空港建設・運営事業（空港）

20　インド有料道路運営事業（道路）

21　インドネシア有料道路運営事業（道路）

22　ベトナム国ラックフェン国際港整備・運営（港湾）

23　英国都市間鉄道計画（鉄道）

24　トルコ国バシャクシェヒルチャムアンドサクラシティー病院PPPプロジェクト（病院）

別紙2　ILOによるPPP/SDGsトレーニング・プログラム

　PPPとSDGsの関連性に関する意識の高まりは，UNECEに限らず，他の多くの国際機関においても見られることは本文において述べた。その一例として，ILOは，「SDGsに向けたPPP：レジリエンスとサステナビリティのためのツール（Private-Public Partnership for Sustainable Development Goals, A Tool for Resilience and Sustainability）」と称するオンライン・トレーニングを有償（期間限定）で試行的に実施している。参考までに，そのプログラムの概要を以下に記す[1]。

モジュール1	PPPの基礎

- 地球環境および社会が直面する挑戦：2030年の開発アジェンダとイノベーション
- PPPの種類およびそのメリット・デメリット
- ESGとSDGsの共存：持続可能なインフラに関する国際スタンダード
- PPPへのSDGsの適用：ピープル・ファーストPPPのアプローチ
- PPP事業の準備および実施にかかるアセスメントの実施方法
- SDGs達成に向けたピープル・ファーストPPP導入のための評価手法

モジュール2	PPPの法務

- PPP事業契約の法的概念および特徴
- PPP事業契約の種類
- PPP事業契約における不可抗力

1　なお，以下は筆者による仮訳（一部意訳を含む）であり，ILOの公式なものではない。

- PPP事業契約における再交渉条項
- COVID-19の経験および選択可能な解決策
- PPP事業契約における政府の重大なアクション
- PPP事業契約における法令変更の扱い
- 特に仲裁に焦点を当てた紛争解決
- ケーススタディ

モジュール3	PPP事業の立ち上げとマネジメント：経済と財務の均衡

- PPP事業の選定とデザイン
- PPP事業に伴うリスク
- PPPのファイナンスに関する側面
- 財務面の均衡：KPIの設定
- 事業資金調達にかかる再交渉
- PPP事業のVFMとバンカビリティ
- 契約のマネジメント：特に進行中の契約交渉に関して
- 予期せぬ事象の影響に係る契約再交渉の要求の取扱い

モジュール4	PPPの環境および社会的な側面

- ディーセント・ワーク[2]のためのPPP
- 社会サービス提供のためのPPP
- 社会的なゴール達成を支援するメカニズム
- PPPの実務：ケーススタディ

2　ディーセント・ワーク（Decent Work）とは，2009年にILO総会において21世紀の目標として提案され支持されたもので，「働きがいのある人間らしい仕事」を意味する。

別紙3　ステークホルダー・エンゲージメントの解説

　ステークホルダー・エンゲージメント（Stakeholder Engagement）は，我が国ではまだ聞きなれない用語であるが，環境省が「環境にやさしい企業行動調査」に関連してその解説を行っている。サステナビリティPPPの観点からも関連性が高く示唆に富むので，以下に，その解説の抜粋を記載する（下線部は特に筆者がサステナブルPPPの観点から特に関連性が高いと思われる部分をマークしたものである）。なお，同資料は，環境省のホームページにおいて入手可能である[1]。

- ステークホルダーエンゲージメントとは，<u>事業者がステークホルダーのことをよく理解し，ステークホルダーとその関心事を，事業活動と意思決定プロセスに組み込む組織的な試み</u>であり，事業者が単独で実施する場合やステークホルダーと協働して実施する場合など，非常に多様な行動体系を意味しています。
- ステークホルダーエンゲージメントは，事業者の広報手段ではなく，事業者の評判を良くしたり，維持したりすることを目的とする活動ではありません。ステークホルダーエンゲージメントを実施することで，事業者は，事業活動に影響するような情報収集やトレンド観察といった戦術的ニーズを充足すると同時に，<u>組織の透明性向上，長期的成長に不可欠なステークホルダーからの信頼獲得，または，新たな課題・機会に対応するために必要なイノベーションや組織変革の促進まで，様々な戦略的ニーズにも対応すること</u>が可能になります。

1　http://www.env.go.jp/policy/j-hiroba/kigyo/2-03_kaisetusyo_stakeholderengagement
　_200331.pdf

- ステークホルダーとの良好な関係は事業者にとって一種の経営資源であり，その意向や動向を無視して事業を行うことはリスク要因にしかなりません。継続的なステークホルダーエンゲージメントを通じて良好な関係を強化することが事業を円滑に進めるポイントなのです。

- また，事業者の社内では，ステークホルダーエンゲージメントの状況を情報化することで，様々なチャネルを通じて実施する多様なステークホルダーエンゲージメントの全体像を俯瞰できるようになり，ステークホルダーエンゲージメントに対する従業員の意識・スキル向上に役立つだけでなく，ステークホルダーエンゲージメントの将来的な改善に役立つ基礎データの蓄積が可能になります。

- 例えば，環境デューディリジェンスを実施する際にもステークホルダーエンゲージメントを必要とする場合があります。問題解決の鍵となるステークホルダーとのエンゲージメントは，リスクを除去する方法を学習し，彼らの協力を得て課題を克服するためにきわめて有効であることが多いからです。

- ステークホルダーエンゲージメントは，内部事情を優先して偏りがちな組織の視点を補正するための重要な手段であり，事業者が持続可能な社会で長期的に成長する上で不可欠な取組になっています。

出所：環境省「環境にやさしい企業行動調査」（http://www.env.go.jp/policy/j-hiroba/kigyo/2-03_kaisetusyo_stakeholderengagement_200331.pdf）

別紙4　PPP実施に際してのSDGs配慮のチェックポイント

　UNECEのPPPワーキングパーティは，2021年10月1日に，"People-First Public-Private Partnerships Evaluation Methodology for the Sustainable Development Goals"を公表した。その名のとおり，この文書は，UNECEが推進するピープル・ファーストPPPの計画・実施において，SDGsの観点からどのように評価を行うべきかについて検討し，その結果をまとめたものである。その中で，ピープル・ファーストPPPのアウトカムの評価方法が具体的に示されている。これは，我が国の公共機関および民間企業がサステナブルPPPに取り組んでいくうえでも参考になると考える。

　当該評価基準は3つの階層から構成される。まず，第1レベルはアウトプット（Output），第2レベルはそのアウトプットを測る視点（Criteria），第3レベルは各アウトプットを測る指標（Indicators）となっている。実際，すべての指標は"Yes or No"で答えられる形となっており，評価は，プロジェクトの計画から実施のあらゆる段階で実施されることを想定して，アウトプットと評価指標が設定されている[1]。

アウトプット1　アクセスと社会的平等

規準1.1　エッセンシャル・サービス[2]の提供

指標1.1.1　当該プロジェクトは，ステークホルダー・エンゲージメントのプロセスを経て確認された経済・社会的な状況を踏まえたうえで，人々の真のニーズについて，認識および把握できているか？

1　なお，原文は英語であるが，ここに示したのは筆者による仮訳（一部意訳を含む）である。また，一部，読者に直接に関係ないと思われる部分については，訳自体を省略した。

2　エッセンシャル・サービスは，"Essential Service"の和訳である。直訳すると「必要不可欠なサービス」となるが，日本語として若干不自然な印象があるため，そのまま片仮名表記とすることとした。

指標1.1.2　当該プロジェクトは，エッセンシャル・サービスの拡大および改善に対して，組織的な対応ができているか？

指標1.1.3　新たな，または改善されたエッセンシャル・サービスを受けることにより，ステークホルダーの生活が大きな変化を受ける／受けた／受けているというエビデンスはあるか？

指標1.1.4　当該プロジェクトは，既存のエッセンシャル・サービスのインパクトを回避，消去，緩和，相殺していないか？

規準1.2　アフォーダビリティとユニバーサルアクセスの向上

指標1.2.1　アフォーダビリティ：提供されるサービスの水準は，当該プロジェクトが対象とする人々の（ライフサイクルにわたる）対価の負担能力を明確に認識したうえで，保守的に設定されているか？

指標1.2.2　アクセシビリティ：提供されるサービスの水準は，当該プロジェクトが対象とする人々の（ライフサイクルにわたる）アクセシビリティ・ニーズを明確に認識したうえで設定されているか，また，その際，多様な経済開発シナリオが考慮されているか？

規準1.3　平等と社会的公正の向上

指標1.3.1　当該プロジェクトが考慮すべき，あるいは修正すべき，平等や社会的公正に関する歴史的なコンテクストが存在するか？

指標1.3.2　環境社会影響評価は，当該プロジェクトが，市民，地域住民および影響を受けるコミュニティに与える直接的および間接的な社会的インパクトの範囲をしっかり評価し，その影響を緩和することを意識しているか？

規準1.4　長期的な視点に立ったアクセスと平等のための計画

指標1.4.1　当該プロジェクトのパフォーマンス，および事業のライフサイクルにわたるサービスへのアクセシビリティと平等に関する経済的およ

　　　　　び財務的均衡に対する潜在的なインパクトは評価されているか？

指標1.4.2　当該プロジェクトは，以下の点を踏まえて設計，構築，開発，運営，
　　　　　発注（入札図書を含む契約テンプレートに基づく）されているか？

　　　　　1.4.2.1　アフォーダビリティ，アクセシビリティ，および平等の観
　　　　　　　　　点から，プロジェクトのライフサイクルにわたってプロ
　　　　　　　　　ジェクトに求められる潜在的な将来ニーズを継続的に予知
　　　　　　　　　し反応することができるか？

　　　　　1.4.2.2　プロジェクトのライフサイクルにわたって，ステークホル
　　　　　　　　　ダー（PPP事業契約の当事者，ユーザー，および関係する
　　　　　　　　　コミュニティを含む）の間でプロジェクトの便益を公正に
　　　　　　　　　共有することができるか？

指標1.4.3　当該プロジェクトのライフサイクルにわたって，サービスの提供が
　　　　　受容可能なレベルで提供されることを保証するためのモニタリング
　　　　　および適宜の契約変更に関するメカニズムが構築されているか？

規準1.5　物理的および経済的排除の回避または影響最小化

指標1.5.1　当該プロジェクトのために恒久的に収用または一時的に利用可能と
　　　　　された土地は，不可避またはやむを得ない必要性によって選定され
　　　　　たものか？

指標1.5.2　用地取得が不可避な場合，その物理的および経済的なプロセスは，
　　　　　"The UN Basic Principles and Guidelines on Development-based
　　　　　Evictions and Displacement（2007）"に沿ったものであるか？

アウトプット２　経済的有効性および財政のサステナビリティ

規準2.1　汚職防止と透明性のある調達の奨励

指標2.1.1　当該プロジェクトは，基本的に"UNECE Standard on a Zero
　　　　　Tolerance Approach to Corruption in PPP Procurement（ZTC）"

もしくはそれに含まれる原理原則を尊重もしくは順守しているか？

指標2.1.2　当該プロジェクト，PPP事業契約，および民間の株主は，法律に基づいてかつ十分な透明性を担保したうえで承認されているか？

指標2.1.3　当該プロジェクトを担う民間事業者は，以下のとおり十分な透明性をもって決定されているか？

　　　　　2.1.3.1　オープンで透明性のある競争入札を経ているか？

　　　　　2.1.3.2　アンソリシティド・プロポーザルにて，または競争過程を経ずして民間事業者が選定された場合には，ZTCに定められるセーフガードの手続きまたはそれに含まれる原理原則を尊重しているか？

指標2.1.4　PPP事業者の選定過程全般において，汚職や不当な影響力の行使にかかるエビデンスが存在しないか？

指標2.1.5　当該プロジェクトは，適切に定められた官民の交渉プロセスを経て，リスク分担の観点からバランスの取れた契約（入札図書に含まれる契約テンプレートに基づく）となっているか？

規準2.2.　経済的バイアビリティと財政のサステナビリティの最大化

指標2.2.1　当該プロジェクトは"Value-for-People"を生み出しているか？　すなわち，

　　　　　2.2.1.1　当該プロジェクトは，継続的かつより高い水準でサービスを提供し，社会に対して目に見える（および目に見えない）ベネフィットをもたらしているか？

　　　　　2.2.1.2　当該プロジェクトは，そのライフサイクルにわたって，国家の戦略や計画に従って正の外部効果を生み出しているか？

指標2.2.2　プロジェクトは"Value-for-Money"を生み出しているか？　すなわち，

　　　　　2.2.2.1　選定されたPPPのモデルのコスト（ベネフィットを差し引

いたもの）は，他の近代的な公共調達モデルのそれより低いか？

2.2.2.2　当該プロジェクトの費用便益分析は，公共契約機関にとって，プロジェクトの実施のために必要な納税者の負担（アップフロントの負担および毎年の支払いの双方を含む）およびプロジェクトの実施がもたらす経済的ベネフィットの観点から望ましい結果を示しているか？

指標2.2.3　当該プロジェクトの実施に必要な公的負担または収入は透明性をもって公的会計に反映されているか？　すなわち，

2.2.3.1　PPP事業契約の財務的な持続可能性および公共契約機関の信用力は肯定的に評価されているか？

2.2.3.2　必要な公的負担，公共契約機関の歳入，および偶発債務から生じる潜在的な財政負担については，関連する当事者に対して共有されているか？

指標2.2.4　プロジェクトは，開発インパクトを最大化し，かつ女性のエンパワーメントを促進しているか？

規準2.3　長期的なフィナンシャル・バイアビリティの最大化

指標2.3.1　当該プロジェクトのスポンサー（株主）は，そのライフサイクルにわたって成功裡にファイナンス，実行，運営および維持するための技術的・財務的能力，および社会的評価を有しているか？

指標2.3.2　PPP契約に定められた民間の収入は，当該プロジェクトのライフサイクルにわたって，運営費および維持管理費をカバーし，かつ初期投資を回収する（民間事業者が負うリスクとリワードのバランスを踏まえたうえで官民間で合意した目標IRRの充足を含む）ために十分な水準か？

指標2.3.3　PPP事業契約または関連する法令（個別のPPP手法およびセクター）において，重要なリスクとそれを負担することに対する報酬が認識

され，その緩和，配分および分担についての適切な措置が講じられているか？

規準2.4　雇用および経済機会の促進

指標2.4.1　当該プロジェクトは，その認識，開発および実施の各段階において，当該地における相当数の雇用を生み出しているか？

指標2.4.2　当該プロジェクトは，ILOの"Decent Work Indicators"に定めるところの"Quality Job"を生み出しているか？

指標2.4.3　当該プロジェクトは，地域の労働力のスキルや能力のギャップを認識し，雇用を妨げる障害に直面しているグループトレーニングや能力開発プログラムを設けているか？

指標2.4.4　事業計画や関連するプログラムには，職場における多様性や包摂性を確保するためのKPIが含まれているか？

指標2.4.5　潜在的なワーカーの権利の保護に対するコミットメント（下記参照）があるか？

　　　2.4.5.1　女性の権利

　　　2.4.5.2　非差別

　　　2.4.5.3　職場における暴力およびハラスメントの防止

　　　2.4.5.4　平等な仕事への平等の支払い

　　　2.4.5.5　教育および他の必要不可欠なサービスへのアクセス

アウトプット3　環境の持続可能性とレジリエンス

規準3.1　温暖化ガス排出の抑制および省エネの促進

指標3.1.1　当該プロジェクトは，温暖化ガスの排出量削減に貢献しているか？

指標3.1.2　当該プロジェクトは，エネルギー消費効率の改善に貢献しているか？

規準3.2　廃棄物の減少および劣化した土地の回復

指標3.2.1　当該プロジェクトは，循環型経済の推進に貢献しているか？

指標3.2.2　当該プロジェクトは，すでに開発された都市，もしくは農業の観点から不毛もしくは劣化した土地に位置するものであるか？

指標3.2.3　当該プロジェクトは，収用される土地の代替地を（事業用地外ではあるが，影響のある範囲内に）用意しているか？

規準3.3　水道利用および汚水の排出

指標3.3.1　当該プロジェクトは，法に定める排水基準を充足しているか？　また，当該プロジェクトは，水道利用および関連流域に対する負の影響の最小化を図っているか？

指標3.3.2　当該プロジェクトは，国の基準に比べて，提供するアウトプットやサービス当たりの淡水の消費量または使用量を減少させるための戦略を策定および実施しているか？

指標3.3.3　当該プロジェクトは，淡水（地表水および地下水の双方を含む）供給の量およびアベイラビリティについて，ネットゼロのインパクトを有しているか？

規準3.4　生物多様性の保護

指標3.4.1　当該プロジェクトは，環境社会インパクト評価を実施しているか？

指標3.4.2　当該プロジェクトは，負の影響を及ぼしうる地域について，回避，緩和，あるいは改善を行うための環境マネジメント計画を策定および実施しているか？

指標3.4.3　当該プロジェクトは，地方の団体もしくは国際的に認知された保護活動を連携して，生息地の機能の保持または改善に努めているか？

規準3.5　災害マネジメントのためのリスク評価および準備

指標3.5.1　当該プロジェクトは，地元および関連するコミュニティを対象とし

　　て，災害発生時の対応および回復のための調整手続きを含む，災害
　　リスクの減少および緩和に関する戦略を策定しているか？

指標3.5.2　当該プロジェクトは，以下の事項に手当てするために異なる資金
　　ソース，ファンド，もしくは予算を用意しているか？

　　3.5.2.1　資産の消失

　　3.5.2.2　ウェル・ビーイングの消失

指標3.5.3　当該プロジェクトは，災害マネジメントに関する研究，発明，能力
　　強化，アウェアネスのプログラムを支援する予算を確保している
　　か？

指標3.5.4　明確に定義されたコミュニティ主導型開発（Community Driven
　　Development: CDD）に関するプログラムは存在するか？

アウトプット4　再現性

規準4.1　再現性および拡張性の奨励

指標4.1.1　当該プロジェクトは，PPP事業一般における共通課題および解決策
　　に関する教訓を十分に踏まえてデザインされているか？

指標4.1.2　当該プロジェクトは，潜在的な規模の経済を享受したり，経済社会
　　に対して，循環型経済の開発（ただし，それに限らない）のような
　　より広い便益を導入しながら，再現もしくは拡張することが可能
　　か？

指標4.1.3　当該プロジェクトは，そのライフサイクルにわたって，最適な設計，
　　リソースの効率的活用，適切な商業化もしくは創造的なビジネスモ
　　デルを通じて，収益の増加もしくはコストの削減を実現できている
　　か？

規準4.2　PPP事業の計画および調達の標準化

指標4.2.1　国が策定したPPP事業契約のテンプレートは，プロジェクトのライ

フサイクルにわたる財務的および経済的均衡の達成，および公共契
約機関が追加的なサービス提供を要求できる特別な権利（ただし，
公共の利益の観点から必要とされる場合で，民間事業者への適切な
補償がなされることが条件となる）について，適切な規定をおいて
いるか？

規準4.3　政府，民間，コミュニティの能力強化

指標4.3.1　民間事業者が有する知識，ノウハウ，技術，スキルが公共契約機関
もしくはローカル・コミュニティのステークホルダーに対する移転
の機会が適切に検討され，成功裡に実施されているか？

指標4.3.2　当該プロジェクトは，政府の能力，もしくはプロジェクト自体また
は産業の能力を強化するか？

指標4.3.3　当該プロジェクトは，ローカル・コミュニティの能力を強化する
か？

規準4.4　イノベーションと技術移転の支援

指標4.4.1　当該プロジェクトは，重要な問題，障壁および限界を消去もしくは
継続的に減らす，もしくは拡大可能または移転可能なソリューショ
ンを生み出すための，1ないし複数の創造的な方法，技術，もしく
はプロセスを実施しているか？

指標4.4.2　当該プロジェクトは，包摂的成長，サービスの質，持続可能性，お
よび再現性に貢献するような技術（例えば循環型経済を促進するも
の）やノウハウの移転を伴うものであるか？

指標4.4.3　当該プロジェクトは，当該プロジェクトがサステナビリティおよび
レジリエンスに貢献していると認識されるようになることを求めて
いる，もしくは意図したものであるか？

指標4.4.4　当該プロジェクトから生み出しうる新たな機会（公共セクター，民
間セクター，およびローカルコミュニティの能力，効率，効果を向

上させるもの）の創出が進められている，もしくは実施されているか？

アウトプット5　ステークホルダー・エンゲージメント

規準5.1　ステークホルダー・エンゲージメントおよび住民参加にかかる計画

指標5.1.1　プロジェクトによって直接的および間接的に影響を受けるすべての
ステークホルダーを把握するためのステークホルダー・マッピング
が実施されているか？

指標5.1.2　ステークホルダー・エンゲージメント計画（個々のステークホル
ダーの具体的なニーズを考慮し，手当てすべきより広いプロジェク
トの課題を把握するもの）が策定されているか？

指標5.1.3　ステークホルダー・エンゲージメントと住民参加の効果および包摂
性を測り，かつそのプロセスを経た結果として得られる具体的なア
ウトカムを測るためのステークホルダー・エンゲージメントと住民
参加のマトリクスが策定されているか？

指標5.1.4　独立した監督組織が，責任を持ってステークホルダー・エンゲージ
メントと住民参加のプロセスの効果を監督およびモニタリングする
体制が整備されているか？　また，当該組織がプロジェクトに関連
する情報の公表および報知を行えるようになっているか？

規準5.2　ステークホルダー・エンゲージメントと住民参加の最大化

指標5.2.1　ステークホルダー・エンゲージメントおよび住民参加にかかる計画
が，プロジェクトのライフサイクルにわたって，効果的，タイム
リーおよび包摂的な形で策定および運用されているか？

指標5.2.2　一般住民から選出されるメンバー（環境保護を主張する者を含む）
が，罰則，訴訟，ハラスメント等を受けるおそれを感じずに，自由
にその意見表明や参加することができるか？

指標5.2.3　ステークホルダーからのフィードバックについて，

　　　　5.2.3.1　フィードバックが，事業計画，設計，実施過程に適切に組み込まれているか？　また，その結果として意思決定に何らかの影響を与えたか？

　　　　5.2.3.2　フィードバックが，公正および平等に，かつ社会的および環境的な公正性の原則に従って扱われたか？

　　　　5.2.3.3　フィードバックの中に，ステークホルダーのエンゲージメントおよび参加プロセスに関する満足度評価が含まれているか？　また，その後になされる意思決定が，それらを適切に反映したものとなっているか？

規準5.3　透明で質の高いプロジェクト情報の提供

指標5.3.1　すべてのステークホルダー（一般市民から選出されたメンバーを含む）にとって，ピープル・ファーストPPPのアウトカムについて，十分な質と関係性を有する情報に対してアクセスすることが可能になっているか？　また，それらが透明性をもって，タイムリーに，理解可能で，十分にアクセス可能な形で提供されているか？　さらに，上記のことがPPP契約に定められているか？

指標5.3.2　ステークホルダー・エンゲージメントの一般的な会議の実質的なアウトカムを要約した定期的なレポートが公表されているか？　また，それは一般市民から選出されたメンバーを含むすべてのステークホルダーにとってアクセス可能か？

規準5.4　市民の不満とエンドユーザーのフィードバックのマネジメント

指標5.4.1　市民の不満とエンドユーザーのフィードバックを取り扱う手続きやメカニズムが整備されているか？

指標5.4.2　市民の不満や，エンドユーザーや顧客からのフィードバックは，適切に手当てされ，または解決されているか？

指標5.4.3 市民の不満や，エンドユーザーや顧客からのフィードバックおよびその結果は，適切に記録され，（個人情報に配慮しつつ）利用可能な状態になっているか？

索　引

【引用文献／参考文献】

■日本語文献

- 赤川彰彦（1999）『地方自治体と定借PFI―公有地における定期借地権活用の提言』大蔵財務協会
- 赤川彰彦（2020）『地方創生×SDGs×ESG投資』学陽書房
- 一般社団法人指定管理者協議会（2012）『あなたの理解で大丈夫？指定管理者制度運用のツボ』ぎょうせい
- 植野芳彦・佐々木仁（2003）「民間資本を利用した高速道路の整備・運営〜韓国の事例〜」『高速道路と自動車』2003年10月号
- 加藤聡（2019）「寄稿　SDGsに貢献するPPP―国連が今考える『ピープル・ファーストPPP』」（4回シリーズ）建設通信新聞（2019年12月18日，同19日，同24日，同25日掲載）
- 株式会社民間資金等活用事業推進機構（2019）『自治体担当者のためのPFI実践ガイドブック』中央経済社
- 佐々木仁（2012）『PFI事業におけるVFM評価に関する研究』神戸大学学位論文
- 佐々木仁監訳（2014）『プロジェクトファイナンスの理論と実務（第2版）』金融財政事情研究会
- 佐々木仁（2018）『海外インフラ投資入門：PPPの仕組みと本質』中央経済社
- 佐々木仁監訳（2020）『インフラPPPの理論と実務』金融財政事情研究会
- 清水善次・岡崎正信・泉英明・馬場正尊（2019）『民間主導・行政支援の公民連携の教科書』日経BP社
- 東洋大学PPP研究センター（2022）『公民連携白書2021〜2022：PPPと社会的評価』時事通信出版局
- 内閣府民間資金等活用事業推進室（2020）『民間提案制度に関する調査・検討について：令和2年1月28日　第4回事業推進部会資料』
- 内閣府民間資金等活用事業推進室（2022）『海外向けPPP／PFI事例集』
- 永冶泰司監修，加藤聡・宗広裕司編著（2018）『人と夢を技術でつなぐ建設コンサルタント』クロスメディア・パブリッシング
- 成田頼明（2009）『指定管理者制度のすべて　制度詳解と実務の手引【改訂版】』第一法規
- 難波悠（2021）特別論文「PPP事業における社会的価値の評価に関する一考察」『東洋大学PPP研究センター紀要12号』東洋大学
- 根本祐二（2011）『朽ちるインフラ：忍び寄るもうひとつの危機』日本経済新聞出版社

■英語文献

- Asian Development Bank（2021）"COVID-19 and Public–Private Partnerships in Asia and the Pacific GUIDANCE NOTE"
- David Baxter（2022）'Public-Private Partnerships and Sustainable Development Goals', "IDEES"
- International Bank for Reconstruction and Development et al.（2017）"Public-Private Partnerships Reference Guide Version 3"
- International Bank for Reconstruction and Development（2019）"Gender Equality, Infrastructure and PPPs PRIMER"
- International Energy Agency（2022）"Electricity Market Report"
- International Finance Corporation（2017）"Resilient Infrastructure Public-Private Partnerships（PPPs）: Contracts and Procurement – The Case of Japan"
- National Audit Office（2018）"PFI and PF2" United Kingdom
- Project Management Institute（2021）"A Guide to the Project Management Body of Knowledge（PMBOK® Guide）Seventh Edition" Project Management Institute
- United Nations Economic Commission for Europe, Working Party on Public-Private Partnerships（2021）"People-first Public-Private Partnerships Evaluation Methodology for the Sustainable Development Goals"

■その他，世界のPPPの最新動向について特に参考となるウェブサイト

- 多数の国際機関がサポートするPPPのナレッジラボラトリ（PPP Knowledge Labo）
  https://pppknowledgelab.org/
- 世界銀行のPPP/PPIに関するデータベース（PPI Database: World Bank Group）
  https://ppi.worldbank.org/en/ppi
- UNECEのPPPに関連する情報ウェブサイト（UNECE PPP International Centre of Excellence）
  https://www.uneceppp-icoe.org/
- ILOのInternational Training CenterによるPPPとSDGsのオンライントレーニングサイト（有料・期間限定）（Private Public Partnership for Sustainable Development Goals, a Tool for Resilience and Sustainability）
  https://www.itcilo.org/courses/private-public-partnership-sustainable-development-goals-tool-resilience-and-sustainability
- 世界中のPPPユニットやPPP専門家が参加する非営利団体（World Association of

PPP Units & Professionals）
https://wappp.org/

〈著者紹介〉

佐々木 仁（ささき　じん）

デロイト トーマツ ファイナンシャルアドバイザリー合同会社
マネージングディレクター　博士（経済学）

東洋大学 大学院経済学研究科 公民連携専攻 客員教授（兼務）
東洋大学 アジアPPP研究所 客員研究員（兼務）
東京都市大学 大学院総合理工学研究科 建築・都市専攻 客員教授（兼務）
東京大学 大学院工学系研究科 社会基盤学専攻 非常勤講師（兼務）

上智大学法学部法律学科卒業，神戸大学大学院国際協力研究科国際開発政策専攻博士後期課程単位取得退学。株式会社長大，株式会社三菱総合研究所，アジア開発銀行，EY新日本有限責任監査法人の勤務を経て2018年11月より現職。日本および世界のさまざまな国におけるPPP事業にかかる調査，コンサルティング，具体案件の形成・実施の仕事に携わってきた。特に近年は，民間企業によるインフラ投資を通じた脱炭素化推進に関する業務に多く従事している。主な著書に，『海外インフラ投資入門：PPPの仕組みと本質』（中央経済社，2018年）などがある。World Association of PPP Units & Professionals会員。

Eメールアドレス: sasaki.global@gmail.com

実践サステナブルPPP
——SDGsに貢献する新しい公民連携ガイド

2022年9月25日　第1版第1刷発行

著　者　佐　々　木　　　仁
発行者　山　本　　　　継
発行所　㈱　中　央　経　済　社
発売元　㈱中央経済グループ
　　　　パ ブ リ ッ シ ン グ

〒101-0051　東京都千代田区神田神保町1-31-2
電話　03（3293）3371（編集代表）
　　　03（3293）3381（営業代表）
https://www.chuokeizai.co.jp
印刷／三英印刷㈱
製本／㈲井上製本所

© 2022
Printed in Japan